老翟与海

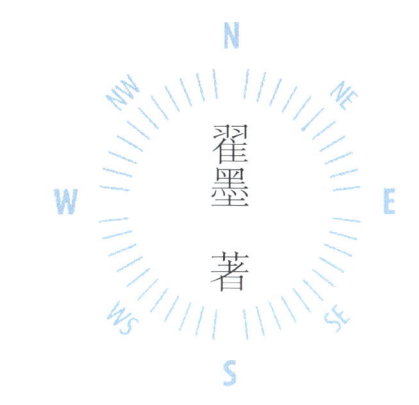

翟墨 著

北京出版集团
北京出版社

图书在版编目（CIP）数据

老翟与海 / 翟墨著. — 北京：北京出版社，2020.10
ISBN 978-7-200-15483-2

Ⅰ. ①老… Ⅱ. ①翟… Ⅲ. ①翟墨 — 自传 Ⅳ. ①K825.89

中国版本图书馆 CIP 数据核字（2020）第 034556 号

老翟与海
LAO ZHAI YU HAI
翟墨 著
*
北 京 出 版 集 团
北 京 出 版 社 出版
（北京北三环中路 6 号）
邮政编码：100120

网　　址：www.bph.com.cn
北京出版集团总发行
新 华 书 店 经 销
北京瑞禾彩色印刷有限公司印刷
*
710 毫米 × 1000 毫米　16 开本　14 印张　60 千字
2020 年 10 月第 1 版　2020 年 10 月第 1 次印刷
ISBN 978-7-200-15483-2
定价：59.00 元
如有印装质量问题，由本社负责调换
质量监督电话：010-58572393

向海洋致敬！

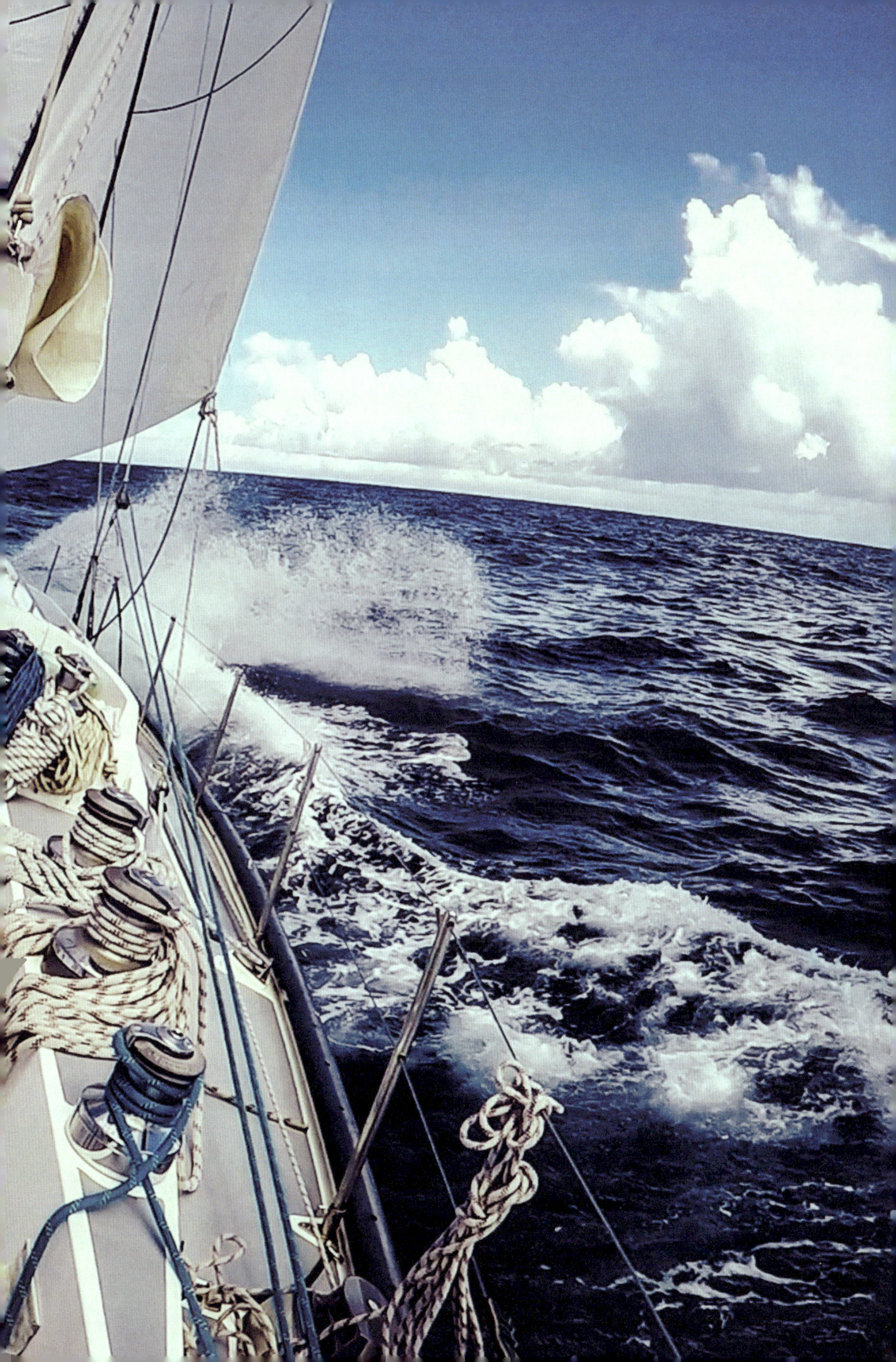

老翟与海

因为俩人的工作室曾在一个院儿里、一个楼里，老翟和我成了朋友。一起喝过酒，喝酒"断过片儿"。

"当代郑和""中国鲁滨孙"，有人那样形容他。

而我知道，他十五岁才第一次看见海，此乃山东泰安山民是也。

初次出海，只为见识未知。他有极强的好奇心、好胜心。渴望拓展眼界、丰富人生。

于是，老翟把陆上的生活放开，走向大海，传奇就此铸成。

他下南洋、越西洋，环球一圈又一圈。大洋深处的黑暗、恐惧、孤寂为他冲刷掉世间的忧烦，赠予他激扬和壮丽，而这些又被他画在画儿里。常人眼中的海、常人眼中的蓝，在他笔下复杂多变、细腻疯狂。

完成了单人单帆环球航海，又率队巡行了海上丝绸之路，老翟于生死边缘亲历过海洋的深远、人生的无常。

每当问起老翟为何航海，他总是淡然地说：去航海，是因为海在那里。

他说他有个愿望，就是想建一所航海学校，让孩子们与大自然更亲近，更阳刚、更能探险。

——这很好，我很想带孩子们一起去。

不久之后，老翟又将有新举动——远航南北两极。

我知道他行，他很行！

他将乐在其中、他将满载而归。

我还知道，那绝对不是他航海梦的终点——因为，海永远在那里。

姜 文

2020 年 8 月于北京

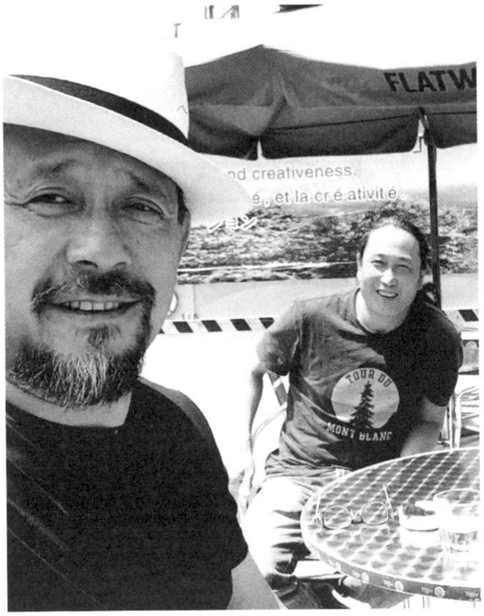
creativeness.
TOUR DU
MONT BLANC

目 / 录

I 1999 — 001

- 002 我不是一个健硕的少年
- 004 我的另一扇窗
- 008 奥克兰,梦开始的地方

II 2009 — 013

- 014 嘿,8 米帆
- 018 去塔希提寻找高更的女人
- 021 横跨克马德克和汤加两大海沟,与死神正面相遇
- 024 失落在中国海岸线上
- 028 环赤道航行的"日照"号
- 032 把万顷波涛作为自己的归宿
- 034 土豆 + 方便面 + 煎饼 +108 本书 × 酒 + 风暴 = 海上生活
- 038 "破破烂烂"的海盗船
- 041 你是飞鸟,他是鱼,我是翟墨
- 045 赤道上静止的绝望
- 049 风暴十二日
- 053 到访迪戈加西亚岛美军基地的中国人
- 062 莫桑比克海峡的"幽灵船"
- 067 厄加勒斯角、好望角、迪亚士、达·伽马……
- 073 五星红旗
- 089 从大西洋漂到太平洋
- 102 温情夏威夷
- 110 我在地球上画了一个完整的圈

III 2019　　　　　　　　　　　　　　　　123

- 124　嘿！兄弟，升帆！
- 132　非凡的中国人
- 138　航行在南中国海的日子
- 146　在风暴中等待风暴
- 152　让印度洋的季风来得更猛烈些吧！
- 160　猖獗的海盗
- 164　亚丁湾，最光荣的时刻
- 176　米兰世博会上的中国水手
- 184　回家

IV 20N9　　　　　　　　　　　　　　　　191

- 192　走向极地
- 195　薪火相传

- 198　附录1：翟墨绘画作品
- 209　附录2：翟墨单人单帆环球航行大事记
- 212　附录3：重走海上丝绸之路航行大事记

"得有那么点激情，才能做跟别人不一样的事！"

I 1999

我不是一个健硕的少年

我是矿工的儿子,老爹老娘在有了我的5个哥哥之后,"意犹未尽"地生下了我。我出生在煤炭资源丰富的山东省泰安市,所以老爹给我取名为"墨"。

也许是爹娘在生我的时候年岁已高,所以在把优秀的基因遗传给我5个高大健硕的哥哥后,生下了瘦弱并患有哮喘病的我。从我懂事时起,视线里就充满了采矿扬起的灰尘——或许这也是让我患上哮喘的一个因素。挖掘机震耳欲聋的轰鸣声伴随着我"咝咝呀呀"的喘气声,只要稍稍运动,我就上气不接下气。

那时候,村里调皮捣蛋、上房揭瓦的坏小子队伍里从来没有我,只因我有哮喘病而不被待见。老娘对我的看护也更为夸张:一年四季上学接送;冬天求老师把我的座位调到取暖的炉子旁边;课间活动在教室里不许出去;体育课从来不让我上;放学回家只许待在家里不许出去玩,什么活都不用我干……虽然连女同学都笑话我是"东亚病夫",但是从来没有人敢欺负我——因为我有5个健硕如牛的哥哥。而我的5个哥哥呢,一个接着一个都去当兵了。羡杀我也!

不想再当"病猫"的我开始偷偷锻炼身体。跑步,从跑一小段就上气不接下气,渐渐变得能均匀地控制呼吸;用冷水洗澡,从夏天洗到冬天,一开始皮肤骤然缩紧,冷水的刺激让我疼痛不已,到后来还能哼起小曲儿。"冬练三九,夏练三伏"的日子就这样一天天过去,我的面色开始红润起来,个头好像也长高了些。

尽管这样,我在爹娘的眼里依然不是个结实的孩子,我参与的唯一户外运动就是老爹带我去钓鱼——不,其实是老爹带我去看他钓鱼。

在老爹钓鱼的时候,闲得无聊的我就会用随手捡来的树枝或石头在地上随意画老爹钓鱼的模样。一次,专注于钓鱼的老爹看到了地上我画的画,像发现新大陆一样的兴奋,他觉得我画得很好、很像他,主要是他发现他的老儿子终于有值得称赞的地方了。于是,老爹给我买来了画板和水彩颜料,让我学画画。老娘也觉得画画好,终于为我找到一个"合适"的兴趣,不用剧烈运动,可以让我保持与平常一样的呼吸节奏,并且可以在画纸上创造一个充满生机和活力的画面。说到底，主要是为了让我打发时间，消解寂寞。但老爹老娘没有想到，为了让我打发寂寞而学的绘画，却成为我一点一点找回自信的途径。

8岁那年，老娘带我去济南看望在那里当兵的大哥。身穿军装、威武神气的大哥和他的战友们训练的场景让我至今难忘，那时起我心中便有了强烈的绿色梦想。于是，在我15岁那年，老家征兵的时候，身体逐渐强壮些的我也报了名。不过，很遗憾，最终我还是因体质差而被拒于军营之外。

那时五哥在烟台当兵，受挫的我去看他，顺便散散心。五哥训练的时候，就扔下我一个人在海边写生、闲逛。齐鲁大地本就在山海之间，可那次却是我出生15年来第一次见到大海。这第一面却没有给我留下什么好印象，海边小城里，卖菜的、贩鱼的，闹哄哄的一个混装码头，臭鱼烂虾的味道混杂着渔船柴油机的味道。之后，在码头对面的长岛上，我画了人生中第一幅大海主题的画，画中一个接着一个拍打到沙滩上的海浪、海滩上杂乱的渔网、忙碌的渔民……这是我15岁时邂逅的那片海，从此停留在我的记忆里。当时我从未想过，十几年后，大海会与我发生什么关系。

经历了磕磕绊绊的少年时期，不知道是不是老天开始怜悯我了，随着我玩命地锻炼身体，也随着年龄的增长，我的身体逐渐康健起来，哮喘病发作的次数越来越少，最终彻底在我的世界里消失。

◀ 15岁的我在山东烟台海滨的留影

我的另一扇窗

"你搞航海之前是做什么的？"

"画画的。"

"那你靠什么为生？"

"拍广告。"

"那你都拍过什么广告？"

……

很多人对我航海之前的经历很好奇，也有很多人觉得我是因为画得不好才去航海的。而这一切，都要从上天关上了我的那扇门开始。

20世纪80年代中期，通过正规系统学习素描、油画，研究和临摹西方绘画，我的画风渐渐形成。无数油画大师成了我的偶像和榜样：透纳的惊心动魄、凡·高的异想天开、高更的自由浪漫、莫奈的敏锐含混……都让我着迷。由于对印象派作品的偏爱，我的画风也偏抽象风格，所以自诩为"画抽象的"。

抽象艺术并不追求"形似"，甚至一切有形的东西都不是描绘的目标。反之，生长于自己心田之中的狂野不羁的情绪，还有天马行空的想象，都会化为艺术家笔下的画作。随着对艺术的逐渐理解与深爱，加之那是一个流行摇滚乐、充满了激情的年代，我也选择离群独处，留起长发，走路撒开步子，在我的年轻时代里驰骋！

毕业后不久，珠江电影制片厂打来的一个电话，让踌躇满志的我毫不犹豫地去了广东，开始了新阶段的人生——拍电影。从1991年到1994年，我以大学里学到的摄影知识为基础，加上工作中的实践，很快就捞到了"第一桶金"，也留下了许多有趣的回忆。

当厂里没有电影要拍的时候，我们也和电视台合作，为广东电视台拍摄的专题片较多，后来又开始接触了广告。当时，有一段非常有名的电视广告，一轮红日从东方升起，跃过一个山头，矫健男儿迎着红日，脸庞上闪动着生命之光，音乐随之响起："当太阳升起的时候，我们的爱天长地久……"这就是当年家喻户晓的"太阳神"健康饮品广告，是我拍摄的,而这句唱出的广告词,也是我想的。

后来,我还陆续接拍了黑力士啤酒、汇源果汁等厂商的广告。我们这一批人,应该是国内第一批用胶片拍广告的人,也正是这一段广告生涯,向后来与我合作的中央电视台《文明之路》栏目组证明了我的拍摄能力,他们最终与我联手,向大海进发。

20世纪90年代中期,国内电影市场仿佛进入了疲惫期,我也厌倦了这种"时尚"的生活,果断决定回到故乡山东泰安的一个山沟沟里,租了间民房,开始潜心画画,颇有一种"大道归于隐"的意境。

那时我也会接拍一些广告增加积蓄,但大部分时间都窝在泰山脚下创作——甚至可以用疯狂来形容。再次拿起画笔,我的灵感如山泉迸发,山、水,记忆里那些历历在目的东西转化为画布上的一块块色彩、一根根线条,最终组成一幅又一幅中国与西方绘画元素合璧的画作。

有一位美国朋友很欣赏我的画作,1994年,他向我发来邀请函,邀请我到美国办画展。那时,能在国外办画展是很多国内画家的梦想,当然我也不例外。为了能顺利拿到美国的签证,我足足准备了大半个月的时间。但是,到了大使馆签证官面前,不到1分钟,西装革履的我就被"咔"的一下拒签了——没有理由,没有解释。

被"鄙视"的我大失所望,继续潜入山沟作画。直到1996年,邀请函再次不期而至——这一次,来自浪漫的法兰西。

发来邀请函的,是我在北京办画展时认识的一家法国艺术机构,他们大概审视过我的作品——那些窝在泰山脚下画出来的色彩和线条、思想和理念。他们觉得这些画在法国应该有市场——至少会有观众欣赏。有了上次被美国拒签的经历,我这次并没有抱什么希望。不想,我随意的衬衫和披散飘逸的长发似乎很对签证官的胃口,签证顺利办下来了。

"中国也有现代艺术吗?"这是我的画在法国展出的时候,法国艺术圈的一些人提出的疑问。虽然法国人对中国有一些研究,他们接触过一些中国的小说和诗歌,但对中国的绘画艺术,尤其是现代艺术,在1996年那个时候,几乎一无所知。呈现在法国观众面前的作品,大概有七成来自我在泰山脚下的闭关创作,他们可能从其中看到了自然的魅力,也看到了些许凡·高、高更乃至莫奈的影子,看到中西合璧的风格带来的惊喜。

我在法国的画展很成功,也让更多的目光投向了我,随之而来的是

来自新西兰奥克兰艺术中心的邀请。我是当时唯一受到他们邀请的中国画家。为了这次画展,我特别画了一批国画——现代水墨。果然,在画展上,很多人对这些画惊叹不已,甚至忍不住抚摸宣纸,惊叹:"这不会是印刷品吧?"我的画让他们知道了,中国除了有"中国功夫",还有很多老祖宗留给我们的宝贵艺术财富。

展览之余,除了出席开幕式和一些必要的应酬,我都会和当时在新西兰读书的女友安琪四处游荡,观赏那里长久以来少有变化的风光。

一望无际的海面,层层海浪卷起浪花,一次次地扑到沙滩,少年时代的记忆又在我的脑海中被唤醒。这次,南半球的海,让我怦然心动。

▲ 20 世纪 90 年代,一块块色彩、一根根线条落在我的画布上

▼ 我窝在泰山脚下画的油画《泰山》

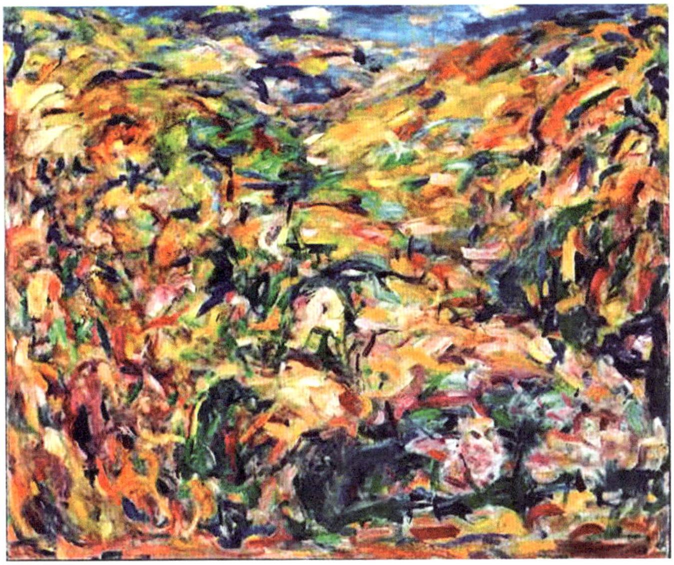

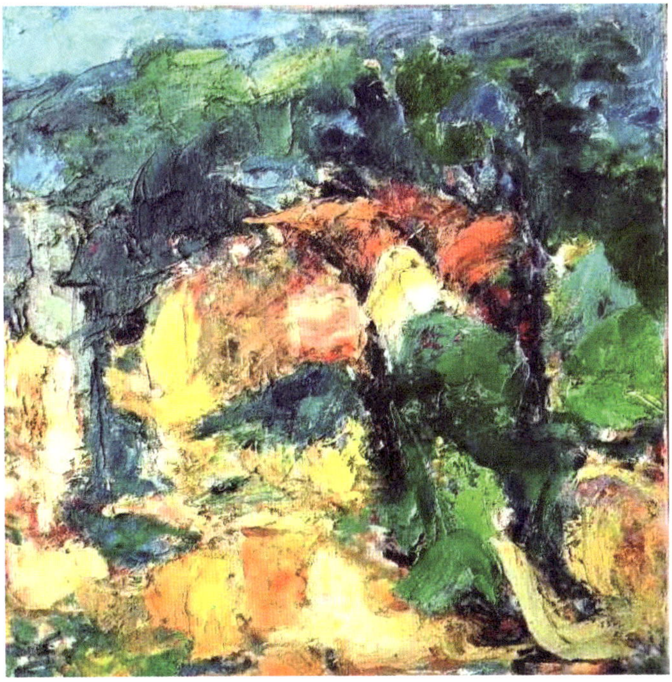

奥克兰，梦开始的地方

在奥克兰成功举办画展之后，我就一直在那里旅居。那段日子我欣赏了许多绘画大师的真迹，看得最多的就是高更和凡·高的作品，也从法国艺术家那里听到了高更和凡·高之间的故事。

当年，穷画家凡·高已经在画坛崭露头角，吸引了银行家之子高更的关注，于是高更搬到普罗旺斯阿尔与凡·高同住，还资助凡·高进行艺术创作。那时，凡·高正享受着镇上唯一一名妓女的崇敬目光，但高更来了，并且"挖了墙脚"。凡·高无力与自己的"资助人"决斗来夺回美人心，于是挥刀割下自己的耳朵，送给妓女作为"礼物"。这是一份憋屈的礼物，也是一次疯狂的发泄，从此凡·高的情绪就没有再平复，直到他疯狂地结束了自己的生命。

凡·高的死深深刺激了高更，成为他离开法国的一个重要原因。他逃到了遥远的塔希提岛（法属波利尼西亚的主要岛屿，港台也译作"大溪地"），并在那里守候到死。他画了许多当地女人的肖像，他笔下的南太平洋岛屿风情让我心驰神往。在奥克兰古色古香的博物馆里，面对着高更和凡·高的作品，我萌生了去看看那些女人的念头，算是对两位名画家的凭吊。

此时，我在国内拍广告时认识的朋友麦克，正好也在新西兰工作。他打来电话，说有一部纪录片需要一个摄影师，问我是否有兴趣参与，他说这部纪录片名叫《航海家》，是要拍摄一位来自挪威的老航海家。为了躲避南太平洋上的风季，此时这位航海家正窝在奥克兰。

"南太平洋的热带气旋季节主要是每年11月到第二年的2月，热带气旋形成得很快，一旦形成，几天时间就可以追上你。你如果没躲开，很可能就要船毁人亡了。航海人一般都去大岛避风，因为小岛是没有防范措施的，小岛上的港口也不行……在美国佛罗里达，一个飓风能把整条船吹到岸上去……"

在我的镜头里，这位老船长讲述着航海经历，他和海明威简直就是一个模子里刻出来的。看着他，我不由自主地想起了《老人与海》中的文字，"在大路另一头老人的窝棚里，他又睡着了。他依旧脸朝下躺着，孩子坐

▲ 太平洋上那些迷人的海岛激发了高更的艺术灵感,成为他创作生涯中的一抹亮色

在他身边，守着他。老人正梦见狮子……"

"你可以叫我'船长'，虽然这条船只有我一个人，但只要它是你的，你就是一位船长！"挪威船长的话很有煽动性。采访结束后，老人给我倒了一点儿威士忌，我们聊了起来。

当他说起他已经绕地球航行了一圈半的时候，就像在说午饭吃了什么一样平常，可是吓了我一跳——绕地球一圈半，这是什么概念？

他拿出海图，一片海域一片海域、一个国家一个国家地指着，给我讲航行中的故事，听得我入了神，"航海需要执照吗？"因为有过签证被拒签的经历，我试探着问他。"不需要，只要有一条船，你想去哪里都可以，去哪里都不需要提前办签证，因为没有哪个国家会拒绝一艘船靠岸补给，只需要办理简单的通关手续就能停船靠岸。船就是你的家、你的国土，这个蓝色星球就属于你一个人！"

接着，老人又告诉我，在公海上，一艘船就是一片漂浮的领土，如果你不乐意，可以拒绝任何国家的人到船上搜查。在海洋里，任何繁复的签证手续都与你无关。帆船是目前世界上最自由、最省钱的交通工具，它依靠的主要动力是风，只要掌握了大海洋流的规律，去任何地方都会变得很简单。

看我听得入神，老人揽着我的肩膀，忽然收敛了神色说："恕我直言，我航海大半辈子，从没见过一个中国人航海，我倒真想见识见识。"这句话刺激了我，我一口气干了杯中的威士忌，不失礼貌地回了一句："在不久的将来，也许你就会在海上看到中国人了。"挪威老人点点头，仰头看看收起风帆的桅杆说："如果真是这样，我祝他好运——不过，碰到暴风雨的时候，可千万别吓得尿裤子。"他放声大笑起来，航海人之间可能经常开这样的玩笑，尤其是面对一个"菜鸟"，老水手们会摆出老资格来，态度活像在教训人。

离开老船长的船之后，我反复思量着和他的这一番攀谈。艺术家最向往自由、最怕拘束，地球上70%以上的面积被海洋覆盖，如果我也有一艘船，也就可以畅游这蓝色的星球，去我想去的地方——比如去塔希提看看高更"挚爱"的女人们。

——老船长，我们总会有在海上相遇的那一天！

干了那杯威士忌的时候，我就决定了！

▲ 找不到挪威老船长的照片了，这位满脸大胡子的新西兰船友大卫与挪威老船长有几分相似

"到了真正的海里，才会发现自己是多么渺小！"

II 2009

嘿，8米帆

开船——我不会，掌舵——我不懂，升帆——没摸过，游泳——只会狗刨……我对大海是那样一无所知，即使是这样，铁了心的我在告别挪威老船长的第二天就出门找船了。

买船需要钱，我在脑子里大致估算了一下存款——大约可以买一艘新船的半个船头，或者买一艘二手船的整个船舱。我在画展上转悠着，满脑子想着的却是外面的大海。踌躇间，我的目光落在了我的那些画上，当即就做了一个决定——卖画！

听完我的决定后，麦克在电话里惊叫了起来。论起年纪应该"三十而立"的我，就准备这样挥霍掉全部积蓄，同时还打破了我从不卖画的原则。而且，在对帆船和大海一无所知的情况下，我还这么"任性"。

自然，麦克没能说服我，我等不及告诉女友安琪我的决定，便开始在奥克兰满大街地物色买家了。艺术中心的人答应帮我操持卖画的事情，而我则抛下那些艺术家、富商和执着的观众，又找到了挪威老船长。

得知我的决定，老船长微微抬了抬眉毛，确认我是认真的之后说："你要出海？可你连什么是舵都不知道呢。"他的语气里已经没有轻视的成分，反而是一个老水手的真诚，看来他也被我的决心打动了。

在老船长的介绍下，我进入了当地的航海俱乐部，在那里遇见了各种各样穿行于风浪的人，也看到了很多二手的帆船杂志。我用蹩脚的英语加手势比画混迹其中，纸上谈兵地学习驾驶帆船的要领和听取建议。

那些行家们建议我先买一艘二手帆船，不仅是价格便宜，而且饱经风浪，零部件磨合得很好，仪器设备也比较齐全，安全系数不会比新船差到哪里去，是入门者的首选。

▶ 我和"8米帆"在新西兰码头，为了它，我倾尽积蓄，在许多朋友看来这是疯狂的行为，但我也因它开始了一种新的生活方式

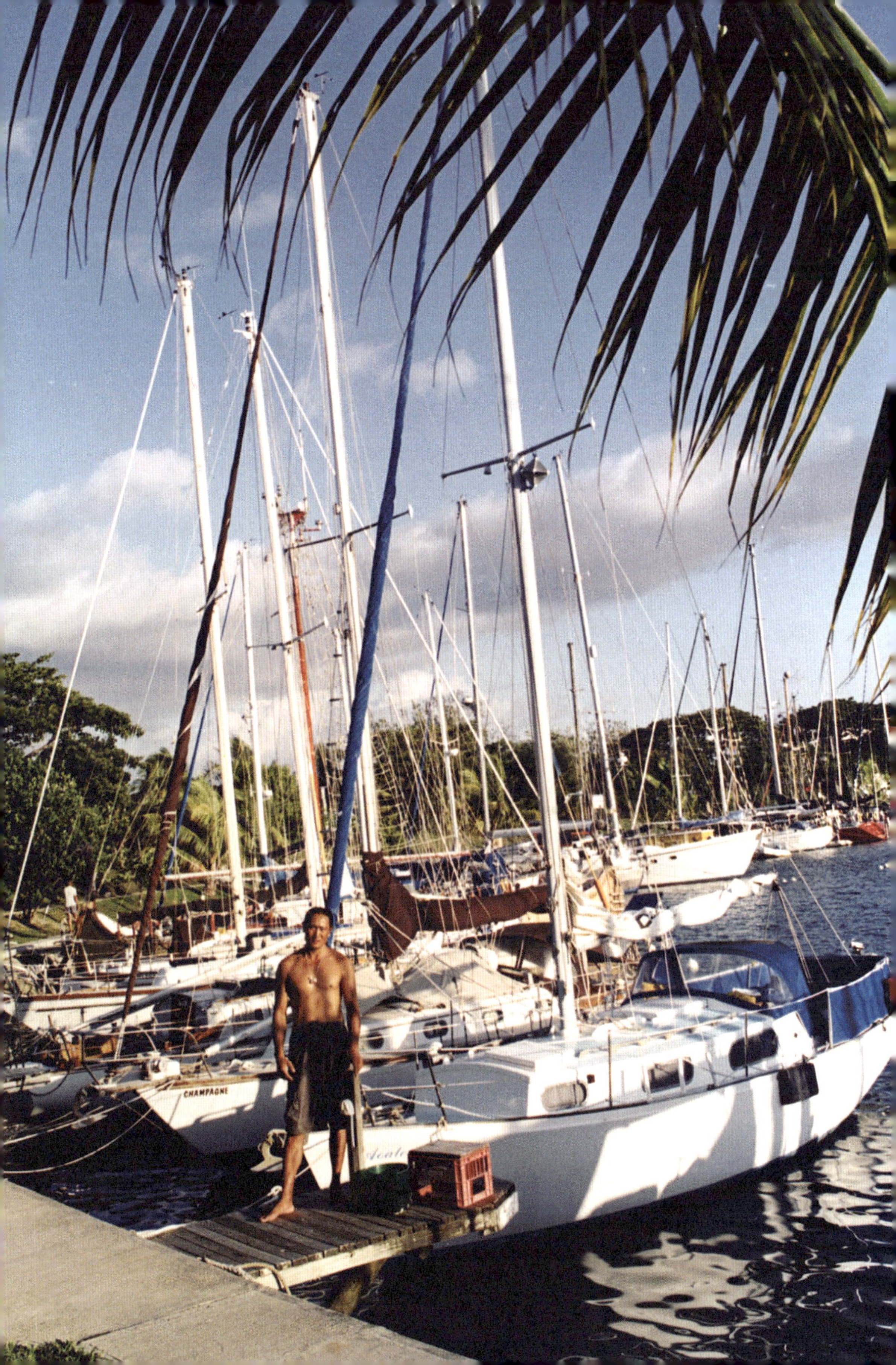
CHAMPAGNE

天遂人愿，没过几天，艺术中心那边传来消息，我的画很畅销，卖画的钱，再加上存款，差不多能凑出 40 万人民币。老船长点点头——可以出手了。

老船长带我来到奥克兰近海的一座小岛，见到一位新西兰船主。挪威老船长帮我挑好了一艘船，编号"H-28"，它就静静地停泊在那里。这是一艘 8 米长的帆船，仪器齐全，框架牢固，外壳是玻璃钢，内里是木头，拍拍船身，船体发出闷响。它诞生在 20 世纪 70 年代末——如果变成人，比我年轻不了多少。老船长试着升了一下帆，风帆立刻被风鼓起来，我的心也同时被鼓起来了。

——你好，8 米帆，我的海上情人！

可是，我怎么把这个大家伙弄回奥克兰？我请求卖给我船的新西兰夫妇帮我把船开回去。"你，真的一天船都没有摸过？"在夫妇俩的质疑中，我的 8 米帆起航了。难道我被太平洋上的风吹坏了脑子？我也质疑着我自己。

买船的地方距离奥克兰开车只需要 2 小时，而驾船则花了 5 小时。当船缓缓开出码头，我正在船头享受着海风的时候，船主忽然丢给我一圈绳子，打算教我开船，颇有一种"送佛送到西"的意思。

他手把手地教我怎么把帆升起来，握紧手中的绳索，注意风的变化；教我怎么掌舵，还拿出一个物件，告诉我万一自动液压舵出了问题，还可以用这个全手动的备用舵撑一段时间。"你肯定不想遇到这种情况，一只手掌舵掌上几天几夜。"他原本只打算吓唬吓唬我，可海上的事情就是这么奇妙，他一语成谶，这种事情在我后来环球航行的时候真的发生了。

新西兰船主真是位好老师，即便我们之间的语言交流不是那么顺畅，但就那么几下比画，我就全清楚了。5 个小时后，我战战兢兢地把船停进奥克兰的码头。走上码头的一刹那，脚踏实地的感觉仿佛已经消失很久，然后又再度找回来，太美妙了。从此，我开始疯狂研究大海，每天都在克制自己，在准备充分之前不要起航。我在新西兰这个岛国燃烧起了生命的激情。

去哪呢？我和安琪躺在甲板上商议着。

安琪没有怪我把所有的积蓄和卖画的钱都买了船，也没有怪我不为俩人的将来打算，只说，她是鱼，会跟着我的船一直向前！

夜色中，一轮明月高悬！

▲ 8米帆的舱内有书柜、厨房、客厅、卧室、卫生间……这就是我海上的家

去塔希提寻找高更的女人

去哪呢？我在海图上寻找着第一站。

我的航海梦开始于新西兰，那我就先环绕新西兰一周吧，作为我的第一次长途航程，也是一次练兵。安琪想都没想就答应我了。在我激情高涨的时候，她没有啰啰唆唆、瞻前顾后，让我顺利地扬起风帆，乘风破浪而毫无阻碍——她就是我驰骋海洋之上的第一缕风。

我和安琪开始为这次远行做准备：土豆、西红柿、洋葱、方便面、罐头、啤酒、饮用水……一切就绪，安琪，我们出发！

然而，现实总是没有想象中那么美好。

当船驶向较深的水域，海洋不再那么温柔的时候，几股浪头打来，安琪开始受不了了，出现了晕船的症状，呕吐不停。刚开始她还能强忍不适，勉强吃一点东西，可刚吃下去，就差点连胆汁都吐出来。她渐渐忍受不住了，紧紧抓住桅杆，浑身打战。

当安琪吐得翻江倒海的时候，我脑海里却一直风平浪静。虽然我极少坐船，但在这样的风浪里，我却没有晕船——可能这就叫天赋异禀吧，老天爷把我造出来，就是为了航海的。

坚持到第三天，安琪哭了，她告诉我，她受不了了，不能和我一起航行下去了，她想上岸。

我没有因为安琪而放弃我刚刚开始的航海梦。靠岸后，安琪给我补充了一些新鲜的西红柿和面包，然后向我挥别。我被广阔的蓝色所诱惑、所吞没，没法回头。最终，我花了6个月的时间绕行了整个新西兰。

让我感动的是，安琪一直在陆地上开着车，追随我的足迹。我每到一站，她都在码头上等候着我。下一站，她依然如故，每当见面时，我心里就会涌起一种麻酥酥的感觉，我知道那叫幸福。

有一次，我在海上遇到了大风，8米帆艰难地抗击着风暴的袭击，迟了好多天才抵达目的地。这一次，安琪不在码头上，我在医院里见到了她。她因为担心我而惊吓过度，心脏受到强烈刺激。我面临着一个艰难的选择：卖了船上岸和安琪好好过日子，或者告别安琪，继续航海。最终，我选择了后者，我放弃了一段值得我珍惜的感情。

安琪的背影消失在陆地迷离的夜灯里，我放开缆绳，让船漫无目的地漂流到海上。我送走了一位天使，她在我的生命里留下了一段纯洁美好的回忆。

——抱歉，安琪！

去哪里？我的心一时间失去了方向。少顷，突然有了灵感——塔希提！去塔希提看看高更描绘过的地方吧。

我学画时代的偶像之一是高更，他曾在那片属于法国的南太平洋岛屿自由挥洒才情，同时寻觅着他的爱情。他画中的当地原住民女子高大健壮，在阳光下跟男人一同劳作，显现出一种模糊了性别的健康之美，这种充满野性魅力的女性形象也吸引了我。

当我在大洋上漂流了20多天后，一座叫塔瓦的小岛出现在我的视野里。这是一个非常富饶的岛，到处是椰子、面包果、杧果，海里是一片一片的鱼群。在那里，我认识了当地酋长和他的女儿，还有岛上质朴的原住民。他们真诚、善良，就像湛蓝的海水一样清澈。

每天打鱼归来的岛民们，到了一天中最放松的时候。其实他们从一大早开始就非常悠闲，即便是捕鱼晒网这样的大事，做起来也是松松散散。他们休息的时间很长，不是在睡觉就是几个人闲聊。在这个世外桃源一般的宁静小岛上，我几乎和每一个人都成了朋友。男人们请我喝一种叫"卡瓦"的酒，是用树根酿的，颜色像泥浆一样，喝到嘴里涩涩的，有些发麻。女人们见到我则热烈地笑着，却不轻易靠近我，因为酋长的女儿总是形影不离地跟着我，带我去叉鱼，去吹海风，去散步……也许，在其他人眼里，我将成为酋长的"乘龙快婿"。

在那里，整个部落，除了酋长其他人基本平等，男人和女人在地位上也没有太多差别。人们都穿着草裙，有的还涂抹一些妆容。到了晚上，热闹的篝火升腾起来，人们在晚会上纵情歌舞。我眼前有无数草裙摇曳，面包树和椰树的果实散发出沁人心脾的芳香……

几个月后，我必须得离开了，我怕再待久一些，会真的舍不得这里，舍不得酋长的女儿。解缆、起锚、升帆，我又回到了大海的怀抱，就像《奥德赛》里奥德修斯告别美丽的仙女加里普索一样。我依然向着我的目标进发——塔希提！

▲ 南太平洋塔瓦岛上我与当地居民的合影

▲ 见到他的时候，他用椰子壳盛出一勺水给我喝，看上去有点浑浊，原来这就是他们的卡瓦酒。我乐了，用二锅头回赠他，他喝了一口，忽然脸涨得通红，连连咳嗽。于是，我们成了语言不通却"臭味相投"的好兄弟

横跨克马德克和汤加两大海沟，与死神正面相遇

在之前几个月的试航里，大海向我展示了她温柔的一面，但在前往塔希提的路上，要横跨南太平洋的克马德克和汤加两大海沟。在新西兰的拉乌尔岛附近，我与死神正面相遇。

忽然间，水面上浮现出许多来历不明的"煤渣"，数量之多让我的心里"咯噔"一下，头皮开始发麻。这种异常的情况我从没遇到过，我猜想这看似平静的水面下已经沸反盈天了——不出所料，我通过卫星电话向新西兰的朋友确认后，得知附近海域发生了一次地震。海底地震引发的海啸改变了整个水域的样貌，让她暴躁疯狂。

灰色的死寂爬上海面，密集的乌云彼此拉近，海风席卷着慌乱的鱼群踏着层层波浪俯冲而来，风暴兵临城下。

猛烈的风瞬间让风帆膨胀起来，发出胀裂般的呼啸声。与风帆遭遇同样命运的还有我的脸皮——它好像已经不再属于我，在风的鼓吹下，它几乎要从我的面孔剥离出去。

不知什么时候，天空与海面已经变成死灰色，远处是有如火焰一般燃烧着的暗黄，看不到瓦蓝色，海面的呼吸急促起来，一场风暴盯上了一个孤独的海客。

此时我面对的是大自然里最冷酷的杀手——刚烈冰冷的海风，破坏力极强的海浪，已近阴森的雷雨，它们从厚实的云盾后面放射无数利箭，击溃我精神上的提防。我还来不及把帆放下来，它就已经被撕破在风雨中飘摇。巨浪和暴风雨的进攻让我的帆船里灌满了水，越来越深，海水又乘机攻上来，这样下去，船就有颠覆的危险。

我从甲板退守船舱，船上的风向表显示暴风有11级之巨，这是我在陆地上从来不曾经历过的。海浪的咆哮声顺风而行，横冲直撞地洗刷着甲板，那声音就像死神的嘲笑声。更要命的是，死神用它的黑袍将光线遮挡，隔着水雾和雨水，我很难看清几米开外的情形。我恨不得在眼睛上装一个雨刮器，但即便那样也无法阻挡雨水。

一个巨浪猛击了我的帆船，就像抖床单一样，瞬间把我抛到海里。这是暴风和巨浪之间默契的游戏，海水像一群饥渴的猛兽一样扑上来，仿佛

整个南太平洋的海水都灌进了我的身体。眼睛、耳朵、鼻孔，还有嘴巴……咸腥的海水呛进来，分不清到底是胃还是肺，剧烈的咳嗽从身体深处涌起，我的手和脚不自觉地抽搐，划开的几股小小的浪头，从腰间忽然传来一股力量把我拽起来，拖出水面，接着海水又将我吞没，这是大约几十秒的记忆，当时感觉有十几年那么漫长。

出海前，航海前辈们告诉我，在大海里，船就是人的生命的一部分，离开船就必死无疑。他们举起手中的安全索亮在我面前，这些粗糙的绳索包裹着一根柔韧的钢丝，把它系在身上，即便死神裹挟着狂风巨浪而来，也无法带走我的生命。

此刻，这根救命绳索就维系在我和船之间，我双手紧紧地抓握和回拉绳索，让它一点点松弛下去，我一点点地向 8 米帆靠近，挣扎攀扯中，我听见了自己的狂叫声。

借助绳索的力量爬回船上后，我找来了船上任何可以用来舀水的工具，桶、瓢，甚至一个碗。我拼命地舀船舱里的水。慌乱中，碗被打碎了，我的脚被碎片划开了一个很长的口子，殷红的鲜血涌出来，很快就与海水融为一色。钻心的疼痛从脚底板传来，切肤之痛在这种鬼天气下感觉尤其明显。

风暴中驾船是最困难的事情。船身打着旋，桅杆剧烈地左右摇晃。浑身湿透的我拖着一只伤脚努力奋战。幸亏风暴不知什么时候开始减弱了。乌云依然浓密，但暴风雨已经没有那么猛烈，海面也稍微平静了一些。我终于有那么几分钟可以瘫在甲板上，刚才紧绷的肌肉已经溃不成军，这时疼痛再次从脚底板传来。

刻不容缓，我赶紧翻出急救包，在颠簸中好不容易穿针引线，然后将针头消毒，用装满麻醉药的注射器想也不想地向脚底板扎了下去。我用两个手指摁住我脚底板裂开的一块皮肉，看着针尖挑入皮肤，红色在眼前蔓延开，麻醉药发挥了作用——没有疼痛，只有触目惊心的视觉。我似乎可以感觉到丝线在皮下游走。缝针的过程极其艰难，不亚于穿越一场剽悍的暴风雨，或者完成一项复杂的科学研究。我对待自己的脚就像对待仇人一样，毫不犹豫地下手，针线来回穿梭，撕开的皮肤一点点合拢。脚掌上被海水泡得发白、发软的皮肤上面是歪歪扭扭的缝线。

在剪断线头的那一刻，我彻底失去了力气瘫躺到船舱里，但巨大的成就感充溢了我的胸腔，我完成了我这辈子做的唯一一次外科手术。我张嘴笑起来，笑声在狭小的船舱里回荡。我无限怀念起陆地，怀念那种脚踏实地的感觉。我沮丧起来，暗暗在心里发愿：如果大海让我活下来，我会找一个太平洋上的小岛，一处人间仙境，娶一个当地女人，开一间中国餐馆，这辈子都不再航海！

不过，大海并没有让我带着湿漉漉的命运返回大陆的意思，当我熬过了航海生涯中第一次历经三天三夜的"完美风暴"后，海平线上出现了一道曙光，那种景致盖过一切壮丽的绘画，比任何雄浑的交响乐都要宏大！

海神把我的船捏在手中把玩，却没能征服驾船人的灵魂；死神悻悻地放过了我，让我带着脚伤停靠到岸边。我没能到达塔希提，我花费了全部家当买回来的8米帆"H-28"老伙计，帮我扛过这一遭风暴之后，彻底报废了。

不知死，焉知生？此时，我早已将风暴中的誓愿抛之脑后！

2009

◀ 经历海上风暴后的我，航海的确是一种肉体上的自虐，但精神上的满足和收获，却强烈到无法言说

失落在中国海岸线上

2002年8月，在生平遇到的第一次风暴中活下来的我，告别8米帆的残骸后，行囊空空地回到国内，在北京郊区的"画家村"宋庄租了个小院作为画室。

不面对画板的时候，我就面对海图。中国的海岸线非常令人着迷。这只雄鸡有着特别昂扬的脖颈、弧度柔和的胸膛、饱满充盈的腹部，以及矫健坚实的脚爪。这里是亚欧大陆的东部边缘，中国海岸线总长度32000公里，其中大陆海岸线长达18000公里，还从来没有人驾着帆船沿着这条美丽蜿蜒的曲线欣赏过祖国的身姿。

我要再次起航！但是，船呢？

为了"中国海疆万里行"，我找投资、拉赞助，却苦于无门。正在无奈之时，几年前就开始筹划巡游中国海疆至今却未成行的一个朋友，听说我要航行中国海岸线后，主动找到了我，把他自己心爱的"白云"号交给了我，只为让我替他完成多年的心愿。更让我感动的是，一位天津的大姐，带着20万元现金来找我。她告诉我，她们老姐儿几个看到我的相关报道，特别感动，为我凑了这笔钱，希望可以帮到我。手里握着滚烫的20万元，我的心被点燃了。

2003年3月18日，大连星海湾，经过松辽造船厂整修的老伙计"白云"号在鞭炮声中、在众多媒体记者的追随下缓缓放入水中。我登上高处，注视着"白云"号，以及大连这座城市。

北方的海线条刚烈，把大连打磨得精致而硬朗。中国大陆沿海地形非常复杂，从北到南变化很大，一路上至少有三道"鬼门关"等着我去闯。首先，在渤海海域，这个季节雾多、能见度低、天气奇冷，如果是在冬春之交航行此海域，水温基本在0℃左右，而且浪高一般在4米左右，暗礁丛生，即便是看惯风浪的老水手也难免心生寒意。

其次，在黄海海域，从威海到成山头，洋流诡谲、浪涌湍急，时速能达到5海里（约9公里），对帆船航行来说很危险，而东海海域渔民较多，渔网和网箱一旦缠住帆船，必然凶多吉少。

最后，在台湾海峡，要不间断航行7天左右，长时间的航行会使人

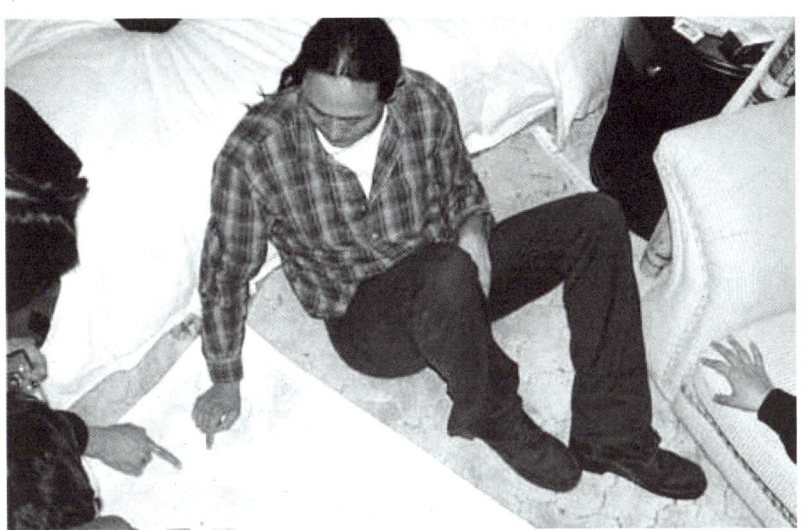

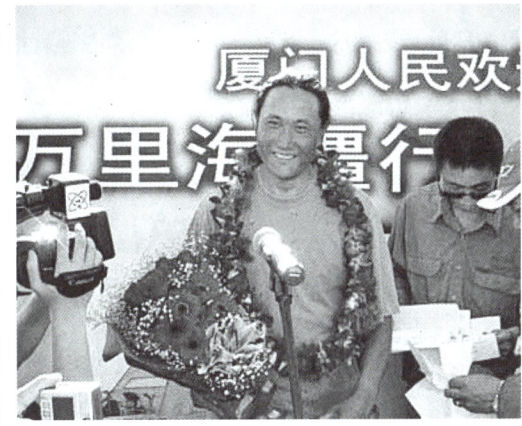

▲ 海疆万里行出发之前，我与朋友们一起研究海图，像熟悉自己身体每个部位那样去熟悉海洋

▼ 我和伴我海疆万里行的"白云"号在厦门受到了朋友们的欢迎，足矣

筋疲力尽，而且台湾海峡海域里还有鲨鱼出没，稍有疏忽就会葬身鲨鱼腹。闯"三关"的同时，克服海上的孤独寂寞、劲风大雨更是不用多提。

现在回想起来，那些惊险对我来说，已经不能叫惊心动魄了，但在山东荣成三闯成山角的经历，还是值得回味的。

成山角在中国海域以暗流急涌频繁而著称。在冬春之交，海流的最高速度可以达到每小时 2.8 海里（约 5.2 公里），一般情况下海流只有每小时 1.5 海里（约 2.8 公里）。由于无动力帆船完全靠风前进，除非风力达到 6 级，否则无法逆流通过成山角，而这种情况下，驾驶无动力帆船稍微大意一点，耽误了过岛的最佳时机，就很有可能被湍急的激流颠覆，或者被海流送回来，前功尽弃。

3 月 20 日早上 9 点，我开始挂帆挑战成山角。水流果然如同难以驯服的猛兽，将我这一叶扁舟推搡抖甩，忽地就把船头抛起来几米高，惊得我自己大喝一声。上午的几次冲击都没有成功，在 11 点后，海流从北流转为南流，风力也慢慢加大。我心里就像有一个沙漏在不停地让时间流逝，很难再等待下去，于是在下午 1 点的时候开始了第二次冲击。海水不停地拍打在我的防水衣裤上，冰凉感觉直接渗透进来，我低吼着，尽力保持船身平衡，同时摆动着帆的方向，但即便如此，一股大水逆转回来，又把我的船冲回了原地。

两次受挫的我如同困顿之兽，稍作休整，下午 3 点，海流速度达到每小时 1.5 海里（约 2.8 公里），并吹起 5~6 级的偏南风，我半张着帆，让"白云"号如同一支利箭，再次从弦上发射。这次风向要好很多，但水中不时冒出来的暗礁让我倒吸一口凉气。我的大部分精力都用于躲避礁石了，船在乱石之间小心翼翼地前进，不时发出轻微的磕撞声，但最后风浪平息下来，这叶轻舟从一道狭窄的水道里穿梭而出，陡峭的岩壁被抛在身后，我成功地闯过了一道"鬼门关"——成山角！

精疲力竭的我瘫躺到甲板上，用兴奋的狂吼来缓解疲惫。

大连可谓我的福地，至今还清晰地记得我出发时的场面。我在那里谁也不认识，可是我出发的时候，敲锣打鼓，人山人海，几千人自发到星海广场为我送行；20 多辆出租车自发组成车队将我送到码头，那场面比我结婚还热闹。我的老师、美术家、文化人类学者、历史学家王大有教授，专程赶来为我举行祭海仪式。他希望用这个隆重的传统仪式，为我祈求平安，给我美好祝愿。

我原计划从大连出发，途经烟台、青岛、上海、厦门、海口等城市海域，最终抵达中国最南端的南沙群岛，总航程约18000公里，历时一个月。但是在途中，很多理想中的状态并没有实现。自大连起航，到看到三亚的热带椰林树影，我在海上漂泊了50多天，比原计划增加了20多天；我原计划全程不靠岸，但实际上有时不得不在岸边停泊。原计划的路程、食物补给等，都有所更改，只因为一个最为重要的影响因素：当我正在海上漂泊的时候，一种病毒正在肆虐，那就是"SARS"——朋友们原本打算在三亚为我举办一场隆重的庆祝活动，也不得不取消。

码头上静悄悄的，看不到几个人影。当我靠岸登陆时，除了医护检查人员外，就是三五个戴着口罩的好友走过来给了我深深的拥抱，足矣！虽然没有鲜花，没有簇拥的人群，但，足矣！我用了55个昼夜完成了"中国海疆万里行"，它成为我4年后单人无动力帆船航海的一次练兵，足矣！

▼ 完成"中国海疆万里行"后，我回到宋庄小院继续画画，借画笔疏解我的惆怅

环赤道航行的"日照"号

画画、拍广告，和各地的朋友们聚会、喝酒、畅聊理想。我的生活犹如双脚踏在陆地上一样平稳，只是偶尔会有颠簸起伏的冲动，以为自己还置身于海洋之中。2006年，农历丙戌狗年，注定奔忙的一年，我决定再次起航。

和在奥克兰时一样，我开始变卖画作。同时我还在接拍一些广告片，加上一些朋友的资助，到2006年年初，我的口袋里已经凑了100万元，足够我买一艘适合远洋的二手帆船了。

4月，好友李光明、麦克，还有大名鼎鼎的法国人塞尔日（Serge）船长和我一起踏上了去日本北海道的买船之旅。日本离中国很近，作为海岛国家，帆船运动较为普及，是购船的好选择。经过经济起飞期，荷包厚实起来的日本人拥有相当数量的优质帆船。但随后日本陷入了经济低迷，帆船对于很多人又成了负担。所以，那时候去日本买船是"抄底"的机会，而且很容易买到久经考验的好船。

北海道的早春，寒风凛冽，一条41英尺（约合12.5米）长、深蓝船身的帆船出现在我们的视线里。它叫"子午线"号，由英国制造，已经有20多年寿命了。它已久不出海，被支在钢架上，就像一条晒在太阳下的鲸鱼。

船主汤谷有多年近海航行经验，磨炼出了果断质朴的个性，也有着航海人的爽朗和热情。他带我们上船细看。光明和麦克应该是头一次登上一艘被架在空中的帆船——这俩哥们儿是来给我当船员的。名义上虽然如此，可他俩都是没有任何帆船航海经验的陆上客，只凭着一腔热血就跟我杀到了北海道。之前我对他们讲，一个专业的航海人几乎得是"全才"。首先要具有强健的体魄和坚强的毅力，能熟练操作和维修帆船设备仪器，更要熟练使用国际通用语言，上知天文下知地理，懂气象，会导航，甚至生理卫生知识都要掌握，遇上海难能采取应急措施，情报通信技能也必不可少……按照这个标准，两位哥们儿就是彻底的门外汉了，他们靠着对大海的热情挤到门里来，让我们这个组合有了点"恶搞"的成分。

"这厕所小得让人诅咒！"光明看着那个直径比烧饼大不了多少的马

桶圈脱口而出。"子午线"号可没有他们想象的大，12米多的长度，甲板上也留不出太多富余空间，船舱内最高的地方也得半低着头。尽管这样，前前后后看过一圈，我心里已经十分满意，塞尔日也冲我点点头，于是，"子午线"号成为继"8米帆"后我的第二位"海上情人"。

好心的"老"船长汤谷加入了我们返航的队伍，凭借他对近海地形的熟悉，轻松导航我们的航程。就这样，"子午线"号载着我们这样一个奇怪组合出发了。经历了一些风浪，我们抵达了位于东京湾畔横须贺的贺蒲港，麦克也上岸"解决"了海上航行11天来的第一泡"新陈代谢之物"——他在精神和肉体上双重崩溃了，当他转过头来，用那张面有菜色的脸庞对着我们，用满是血丝的眼睛，露出几乎是乞求的眼神看着我们时，我和光明都笑了，"回去吧，老伙计！"

汤谷也没有久留，他还惦念着家里温顺的妻子，以及北海道海风的腥味儿。剩下我和塞尔日、光明继续前行。

从室兰下水到横须贺上岸，最大不过28节风速（约7级风风力），我们的船已经摇晃无比。没想到海风在前往伊势湾的路上埋下伏兵，一场风暴张牙舞爪向我们扑来。风速达到50节（约10级风风力）以上，在这个季节的日本这可是非常少见的。一天夜间行船，只听见"哧啦——"一声，主帆被大风撕扯成几条碎布，海水倒灌进来，发动机变成了一堆废铁。"赶紧换风暴帆！"我冲着其余两个人吼叫着——此刻的声音与光线一样都被黑色的大海所吞没。看看表，凌晨3点，光明在甲板上奋战了七八个小时，桅杆上的灯光照出他疲惫的身影，远处阴云密布，大海在黑夜里掩起面孔，发出狂野的呼啸。

李光明后来在博客里记叙了当时的经过，极有文采：

干完手头上的活，我优雅地从怀中掏出塑料袋，吐像喷泉，胆汁翠绿、小脸儿湛蓝。但只在10个小时之前，海面还平静得如丝绸一般光滑，放眼望去，十几海里一个褶都没有，海平面在远方呈现出两端向下微微弯曲的弧形，一群海豚跳跃着追逐鱼群，更远的海面上，一艘访问日本的美国潜艇默默趴着，如同一个寂寞的寡妇。阳光普照，大海安详得像个老奶奶。

所幸，老天爷终于给了一张好脸。从北海道一路航行到九州，不是大风就是暴雨，身上没有几天是干的。进入5月，天气总算温和了一些，我们从福冈出发，花了4天半的时间，经过韩国济州岛南侧，直切黄海，看到了日照的海岸线。出门的时候，我两手空空，回来的时候，我却挽着一个美丽的"姑娘"。

"我们栏目组本来只有陆地和空中拍摄队的，我们想邀请你加入进来，作为海上拍摄队，一起完成这次电视行动。"驾着"子午线"号回到日照后，中央电视台《文明之路·世界文明环球纪行》栏目组的总导演亓克君在电话里向我发出了诚挚的邀请。

收到邀请后，我第一时间告诉了时任日照市市长的杨军。他在青岛任职期间就一直关注着我的航海梦，我们因为航海而结缘。日照是一座很美的滨海城市，而且这里是帆船赛、航海活动的重要举办地，是全球水上活动的大本营之一。杨军和日照市政府给了我极大的帮助。

命运就是这么有趣，我人生的无数个起点都和家乡有关，出生、成长、学画，乃至第一次见到海洋，都是在家乡完成的，而我生命中最重要的一次挑战——或者像其他人认为的"壮举"，千回百转又回到了山东。

自此，"子午线"号更名为"日照"号。我默默抚摸船上每一个部件，英国的船体、GPS和雷达，美国的绞盘，新西兰的横直索，瑞典的指南针，法国的护球……这条12米长、4米宽、吃水2.8米、限载12人、自重8吨的20岁年龄的老伙计，让我几乎卖掉了所有能卖掉的画。

但这个"老伙计"还远不能保障我可以安全地进行环球航行。我庆幸有魏军、留典芳等几位好友的帮助；还有厦门瀚盛游艇有限公司及厂长胡乃盛免费为"日照"号体检，查漏补缺；厦门欣翔航运电子有限公司为"日照"号赞助了全套通信导航电子设备及其辅助设备、雷达、电子地图、GPS卫星导航、自动驾驶仪、船用电台等仪器仪表，配置了交通艇、充气救生艇、液压升降驾驶座、气胀式救生衣、防水行李包、航海保温服、淡水收集器，液晶监控电视、帐篷、防撞装置、特制气垫床、钓具……还有香港好友"及时雨"庞辉赠送的一张全新的、得劲儿的风帆，这让"日照"号终于像一艘远洋的帆船。

闪亮的船身映出海水之蓝，我已是踌躇满志，"日照"号，我们起航！让我们一起在赤道上绘制绝美的风景！

▲ 我去日本买船时的拍档们。
左起：塞尔日、我、李光明和汤谷

▶ 我和"日照"号蓄势待发

▼ "日照"号船长12.35米，船宽3.852米，排水量7.818吨，桅杆高度17.86米

把万顷波涛作为自己的归宿

2007年1月6日,山东日照海滨。等待的人群喧嚣起来,男女8名少年拿着桃木剑、捧着大碗酒列队上前,中间走出一位捧着妈祖瓷像的教授,穿着黑底金印唐装,银发披散开来——正是我的老师、在"中国海疆万里行"时为我举行过祭海仪式的王大有教授。

在我国沿海很多地方,自古以来民间都流行这样的祭海仪式,这是渔民们祈祷风调雨顺、出入平安的传统仪式。通常要搭设一座祭台,摆设"三牲",以及大饽、糖果等供品,人们载歌载舞、烧香祭祀,祈求神明保佑出海的人平平安安、鱼虾满舱。600多年前,郑和下西洋的浩大船队在出发前,也都要举行盛大的祭海活动。作为一名航海者,我自然也希望借助这种传统习俗,来激励自己出海远洋、搏击风浪。

其实,现在很多渔船都装上了卫星定位系统,大风大浪等恶劣天气和海况的预警通过手机短信也能及时收到。如果说单纯为保佑平安,那我们还不如"祭"科技。现在祭海仪式依然在举办着,有两个原因:一是老祖宗留下来的东西不能丢;二是希望子孙后代能够用好这片海。

起航仪式的欢呼声渐渐远去,岸上的男女老少、父老乡亲、"狐朋狗友"……他们的面孔被船体遮挡,却又清晰地浮现在我眼前。我的几个哥哥在起航仪式结束前赶到了出发现场。他们手里的东西让我眼前一亮——老娘亲手给我做的一箱子煎饼!

几位宋庄的艺术家朋友和这些年一直陪我玩船的哥们儿,一直把我送到船上。这些年为了航海,我不但把自己的积蓄折腾一空,而且欠了大家不少钱。我紧紧握住他们的手,告诉他们,如果我不能回来,请帮我把某幅画给某某,某幅画给另外的某某……这是我微薄的回报。他们当时都没有说什么,但我回来才知道,起航仪式结束后,他们分头开始收集我的东西,商量说,如果我永远地留在了大海里,他们就凑钱在泰山脚下给我建一个衣冠冢,上面写"航海家翟墨之墓"。有了这一份又一份浓浓的情谊"加持",我觉得船越发厚重了,它承载了太多。

我不知道当年哥伦布从西班牙巴罗斯港出发的时候,他的朋友们是不是也是如此送别的;我不知道当年麦哲伦带着他的大船队扬帆起航的

▲ 我与我的宋庄艺术家哥们儿，他们的深情厚谊我无以为报，只有把"宋庄"二字刻在"日照"号上

▲ "日照"号起航前的祭海仪式，我怀里抱着妈祖像，走在最前面的是王大有老师

II 2009

时候，是不是也已在自己的故土修好一座空坟茔。每一个闯荡大海的航海家，早已把那万顷波涛作为自己的归宿，所以对不起那些血脉融汇的家人，对不起那些朝夕相处的挚友，对不起那些寄予厚望的人们，但是如果不向着大海出发，我们的生命就失去了意义。

凛冽的海风吹起，风帆猎猎，大海在召唤我！

船舱里，堆满了火腿、面包、方便面、水果、韩国橙汁、山东煎饼、济南香葱，还有卫生纸、咖啡壶、煤气罐、12桶柴油、一摞摞海图……对了，还有青岛啤酒，各种白酒、红酒、威士忌等各种酒——墨不可一日无酒！这可是我孤独的航海生活中最让我快乐的一大嗜好。另外，我还带上了108本书。就算风遂我愿，我也要在海上至少待两年。这两年时间里，大多数时间，不会有人和我神侃、闲聊，只有文字与我对话，那些或深沉、或有趣、或怪异、或艰涩的文字，就像一个又一个朋友，来到我的船上，走进我的心田，融化在想象里。当人把自己放在一片虚空里面，没有工作、没有社交、没有鸡毛蒜皮的小事的时候，就是读书的最好时机。我期待我能读完这108本书，在每一个静静的夜晚，在每一个有风的清晨。

土豆 + 方便面 + 煎饼 + 108 本书 × 酒 + 风暴 = 海上生活

2009 年，当我成功完成环球航行回国之后，无论是媒体记者，还是一些没有航海经验的朋友，见到我通常会问一个问题："你在海上是怎么生活的？"

湛蓝的海水、和煦的海风，还有成群结队的五彩海鱼，一座座藏满金银宝藏的神秘岛，上面有几百年前海盗们留下的宝藏……他们以为这就是航海，就像偶像剧一样，舒服、惬意、奢享……

2007 年 1 月，我的环球航海刚刚开始的时候，船舱里的食物琳琅满目。但是，小半年后，还能填到我肚子里的，就只有方便面、洋葱和母亲做的煎饼了。

西红柿是最先烂掉的，然后土豆也发了芽，逐渐变成一堆烂泥。而母亲给我做的煎饼，倒是跟随我航遍了全球。在很多港口，外国人看到我拿着煎饼啃时，都惊异地张大了嘴，不明白这个中国人在变什么魔术，可以把一张薄薄的"纸"当成食物。2010 年 6 月，我做客央视《奋斗》节目时，还拿出这跟随我环球旅行的煎饼，请现场的观众朋友们尝了尝。

因为风暴随时会来，加之燃料有限，我在海上生火做饭的次数很少，一般就拿着方便面面饼和煎饼啃。如果哪天兴致高涨，我会烧点开水，泡一包方便面，再开一罐啤酒或是冲一杯速溶咖啡犒劳自己，然后静静地欣赏海景，也只有那么短短的一两个小时，我会恍惚感觉自己正在一艘五星级的豪华游轮上，而不是执掌着一条脆弱的帆船，扮演一位与大海抗争的孤独船长。

为了补充维生素，一旦补给上蔬菜水果，我都会尽快把它们吃完，而且尽量生吃。过去的人在航海过程中，因为缺少维生素，常常会患上脚气病、败血症等疾病，最后甚至连命都搭进去了。我可以死在风暴里，但不能接受"维生素缺乏"这种很没面子的死法。

怎么办？这时候，神奇的洋葱顶上来承担重任。经过实践检验，洋葱是所有蔬菜里面最不容易坏的，我环球航行了多长时间，就吃了多长时间的洋葱——简直就是我的救命稻草。

我在海上很少钓鱼，但有时大自然会把海鲜送到我的甲板上，那可能是一场风暴，或者就是一个小小的浪头，让本来在海里畅游的鱼儿成了我锅里的美味。中国人做鱼的传统方法很讲究，要用姜丝除腥，还要加各种调料。最初我也这么干，后来发现实在太奢侈，于是直接水煮，什么都不放，吃起来也有一种纯天然的感觉。有一次，我本打算煮一碗方便面打发午餐，只听见甲板上"咚"的一声，一条不知名的银光闪闪的大鱼正在甲板上扑腾，身上还带着伤，血殷殷地渗出来。我朝海里一看，一条鲨鱼正在一群鱼里猎食，在和另一条大鱼周旋、扑杀，估计甲板上这条鱼是鲨鱼咬住以后，侥幸脱逃的——狗急还跳墙呢，谁能保证这条鱼不是急了，直接跃上船来求救呢。我当下动了恻隐之心，先把它放进之前储存蔬菜的大塑料箱，在里面灌上水。等船开过一段距离后，我把它放回了大海。也许等待它的依然是弱肉强食的命运，但作为人类，我觉得施以援手，救它一时，也算是给自己积了一点功德。

海上缺淡水，下雨就是补给水源的难得机会。大海上经常会下雨，每当看到乌云压顶，我就把风帆折成斗状，然后留出一个豁口用来放水。风帆蓄满水后，一股银亮的水流就从豁口奔涌而出，流进我预先放好的桶里——这可是老天爷送来的琼浆啊！淡水在海上比黄金还要珍贵。幸好"日照"号配备了淡水处理机，可以把海水变成饮用水。关于海水的可怕想必不用我赘述——这么说吧，当一个人置身大海却没有淡水的时候，海水会让他变成魔鬼。"墨不可一日无酒也！"在海上酗醉可是一件既痛快又危险的事情，因为一旦醉倒，可能就会从船上栽进海里，成为龙王的盘中餐。而且在海上航行酒是非常珍稀的，所以我只在极度烦闷或非常兴奋的时候开怀畅饮，与夕阳干杯，与云彩干杯，与远处鲸鱼喷出的水柱干杯。一旦"日照"号停泊岸边，我也会回到陆地，拿好酒招待朋友——这是最美妙的时刻，往往一醉方休。

孤独久了，点上一支烟，我拿起画笔，画日出，画水面上跃出的飞鱼。压抑久了，画板成为我心灵的一个出口，我可以和纸笔对话，就像与一个老朋友聊天一样，常常就这样画着、画着，从残阳似血一直到天幕里繁星尽现。

人有三急，在海上解决内急是最为痛苦的一件事情。我喝完酒就"上船头"。"上船头"是航海人圈子里通行的术语，英文就是"head"，

意思是上厕所。天地之间哪里还有这么一个巨大的厕所给你上呢？刚开始学习航海的时候，我在船头上厕所很不习惯，风浪摇摆，我经常担心自己掉到水里去，怕着怕着，尿就"怕回去"了，那种憋胀的感觉生不如死。慢慢习惯在船头小便后，我才渐渐找到那种男子汉的豪气——眼前可是无边无际的一幅壮丽景观啊！当然，上厕所的时候要系上安全带，以防万一。

在船上生活，"方便"不是很方便，睡觉也睡不安稳。12米长的帆船就是一片小小的陆地，睡觉时翻身可能就会滚落大海；如果大海"打个喷嚏"，可能就会把我的船打翻。我每天在极度困倦的时候，会睡两三个小时，睡得也非常浅，得把船舵用绳索固定在脚上，才敢慢慢睡去。这样一旦船发生偏移，我就会被拉醒，不至于醒来的时候自己完全在另一片海域里。有许多船失事，其实并不是仪器不够先进，也并非驾驶技术不够娴熟，很大程度上就是因为疲劳。"泰坦尼克号"撞上冰山，与领航员疲倦分神有很大的关系。在中国海域行驶的时候，有一天凌晨3点，我昏昏沉沉地睡过去，直到被一片吵嚷声惊醒，猛然发现我的船就快和一艘渔船相撞了！我赶紧转舵，避开了对方的船头。这艘船出海刚刚遭遇暴风归来，船员们和我一样都疲惫不堪，两边的人都在打瞌睡，差点酿成惨剧。这样的险情后来在大洋上也发生过几次。

航海，其实不是和大海作战，而是在挑战自己的意志和身体。

▲ 我在"日照"号上的生活是孤独的

▶ "日照"号的厨房,虽然炊具俱全,我的厨艺精湛,却很少开火做饭

"破破烂烂"的海盗船

"用心理和数字丈量地球",我总是用这样一种说法来形容自己的航海。航海——尤其是单人航海,需要强大的内心。

"日照"号继续行驶在苏拉威西海,然后穿过望加锡海峡,穿行在"万岛之国"印度尼西亚,前方目标——超级大都市雅加达。

2007年6月7日,一天的行船让我领教了大海的变幻莫测。苏拉威西海半天涨潮,半天退潮。我还沉浸在与菲律宾华侨相处的畅快回忆里,不知不觉疲倦感袭来,合眼睡去。

8日凌晨2点,一阵螺旋桨的声音,将我从梦乡惊醒——不好!一艘渔船已经近在咫尺!我赶紧满打船舵,"日照"号的锋芒划过那条船的船体。好险!晚那么一秒钟,两条船就亲密拥抱在一起了。我长长地出了一口气,这才发觉,眨眼工夫背上已经冒出一层冷汗。

还没从夜里差点发生撞船的惊险中缓过劲儿来,上午9点,我的视线里又出现了几条快船,破破烂烂的,没有悬挂国旗,也没有任何标志。我刚刚放下的心一下子又提到嗓子眼——糟了,这次恐怕是遇到海盗了。

我立即掏出手机给朋友发紧急短信,告诉他们我目前的经纬度,以防万一出事方便搜寻。接下来……就听天由命吧,如果不幸栽在海盗手里,我只希望他们不要把我弄得太远,好让朋友们能找到我。"日照"号是帆船,速度不可能太快,没多久,这些装着马达、轰鸣作响的船就围拢上来。从打扮上看,这群人就来者不善,有些人甚至用黑布把自己的脸蒙了起来。有些船上的人被太阳晒得精瘦,皮肤黝黑,用浑浊的眼睛盯着我,冲我高声喊着什么,像是菲律宾语,我只听懂了"中国人"——他们显然已经看到我船上悬挂的国旗。

不能让他们上船!一旦让他们登船,后果一定不妙。我立刻从船上拿出一些食物,把一箱箱的牛奶、方便食品扔到水里。这一招果然奏效,不知是我的合作态度让他们满意,还是他们从这些食物的档次上判断,这条船实在没什么"油水",他们用钩子把那些食物弄到自己船上之后,就没有继续骚扰我,而是驾船扬长而去。

等他们走远了,我才越想越后怕。如果刚才围过来的是一支支冰冷的枪管，我可能就没有机会看到明天升起的太阳了——好在，这样的"骚扰"后来没有再发生过。

这件事提醒了我，之后我开始时常把自己的 GPS 位置告诉朋友们，万一出事，起码他们知道大致在何处可以开展搜寻。

你可能会说，他们不过就是些当地渔民吧？值得这样大惊小怪？不，白天当渔民，晚上当海盗，这在世界上很多地方，是那些靠海吃海的人的生活常态，也是他们最常用、最方便的伪装。他们并不觉得抢劫过往船只触犯什么法律，他们将这片深蓝色的海域视为自己的地盘。当然，他们也不会与各国官方的武装力量正面冲突。

现在，全世界的海洋中，形成了几大海盗区域，给过路行船带来了风险。东南亚还算是"小儿科"，这里的海盗白天大多是普通渔民，只在晚上偷偷出来"兼职"打劫。索马里海盗这些年来全球"走红"，他们势力广大、下手残忍、不分对象，只要是过路船只，没有不受到他们骚扰的。在美洲，哥伦比亚附近海域的海盗也十分有名，几个世纪之前就已经让西方列强头疼了——好莱坞著名电影《加勒比海盗》就是以他们为原型的。

过去，普通民用船只不能携带武器，如果你非要携带，那就没有军队提供保护。实际上，在强势的海盗面前，商船的自保能力是非常有限的。哪怕后来联合国取消了商船不能携带武器的规定，这些民用船只同样还要依靠官方武装力量的保护。

海盗船的速度都特别快，往往开到 50 节到 70 节，与之相比，航空母舰的最快航速也才 30 多节。而且，海盗船都是小船，不容易发现。靠近的时候几乎一点声音都听不见，抛出钩子一钩，他们就登船而上，先到船长室把船长控制住，然后开始洗劫整条船。

海盗们的武器往往相当先进——其实，就算只是步枪，对于手无寸铁的民船来说，也足够可怕了。所以，海盗打劫的成功率相当高，丰厚的利润让更多人铤而走险。甚至有的船一个月会被海盗袭击好几次。

在欧洲航海逐渐发达的十五六世纪之后，海盗活动也日益猖獗。逐渐地，海盗已经成了一种世界性的文化标志，他们成为各种传说中的主角，只要是商业、航运发达的沿海地带，就有海盗出没。

历史上留名的德雷克船长、红胡子、基德……都是臭名昭著的海盗。人们把他们描述成凶狠残暴、神秘无常的群体。象征海盗的骷髅黑旗一度遍布在全球主要海域，让所有航海人胆战心惊。而故事里特别诱人的还有传说中海盗的宝藏——金银岛。金银岛在哪里呢？我也想知道。

随着中国的发展，这些年来，全世界的海洋里也有了越来越多的中国船。我曾经认为，我们国家在打击海盗方面不够强力，每每听人说在哪里哪里又有中国船只被海盗打劫了，我就气愤不已。也正因为如此，2010年，中国海军开始派舰队前往亚丁湾、索马里海域执行护航任务时，我不禁拍案叫好。

▶ 很遗憾，遇到海盗及与风浪搏斗的时候，基本不能拍摄图片。电影把加勒比海盗描绘得很浪漫，实际上，遭遇海盗可不是件美好的事

你是飞鸟，他是鱼，我是翟墨

2007年5月31日，我在望远镜里看到一幕壮观而又让人胆战心惊的场面。波平如镜的海面上，忽然出现了一群小小的"风帆"，它们贴着水面迅速移动。仔细看时，这哪是什么帆船，明明就是一群鲨鱼正在水下巡航！当然，它们并不是冲着我这个方向来的，而是渐渐游出了我的视线。但这群鲨鱼让我想起了一个曾经跟踪我一天一夜的"大家伙"。

那是2001年8月26日上午11时，天空晴朗，风力4级，我正在南太平洋航行，前往斐济的途中。我正操纵着船舵，目光融化在一片蔚蓝之中，忽然，我发现船尾大约10米开外的水下，有一团黑色阴影不紧不慢地跟在后面，把我吓了一跳。很快，它竖起来的鳍劈开水面，暴露了它的真实身份——一条嗜血的鲨鱼！它是什么时候跟上我的？我心里嘀咕着，该不会把我当成它的晚餐了吧？海上的风力没有变化，我的速度也一如惯常，而这个大家伙挺有耐心，一直尾随在后面，我似乎可以感觉到它从水下射来的凶光。那份虎视眈眈、志在必得的凶狠劲儿让我忐忑不已。

它离我的船只有10米远，万一它发起攻击怎么办？我想起斯皮尔伯格的经典电影《大白鲨》里的镜头，固若金汤的钢条笼子在鲨鱼锋利的牙齿面前，也软得像面条一样。我不禁咽了一口口水——好家伙，"路"这么宽，咱俩还是撞在一块儿啦！

我把一柄小刀别在了身上，想着万一落水还可以跟它搏斗一下。航海家一般都会随身携带一柄尖刀，主要有三个功用：第一，用来切削洋葱和面包，在能钓到鱼的情况下还可以切鱼；第二，万一碰到鲨鱼袭击还能周旋一番——当然，如果人在落水的情况下有鲨鱼扑来，拿刀和赤手空拳没有多少区别；第三，遇到无可挽回的险情时，让自己少受一些痛苦。

奇怪的是，5个小时过去了，这条鲨鱼仍然尾随在后，似乎没有想要展开攻击的意思。相反，它看上去像在游戏，有时候还跃出水面，"扑通"一声砸出巨大的浪花。我看到它那血盆大口里寒光闪闪的牙齿，那尖利程度，撕开一艘"20岁"的老帆船应该不需要花费太大的力气。

就这样，我开快，它加速；我放慢，它减速。夜幕降临之后，它也丝毫没有离去的意思。而我已经有点"找到伴"的感觉。告别女友安琪以后，

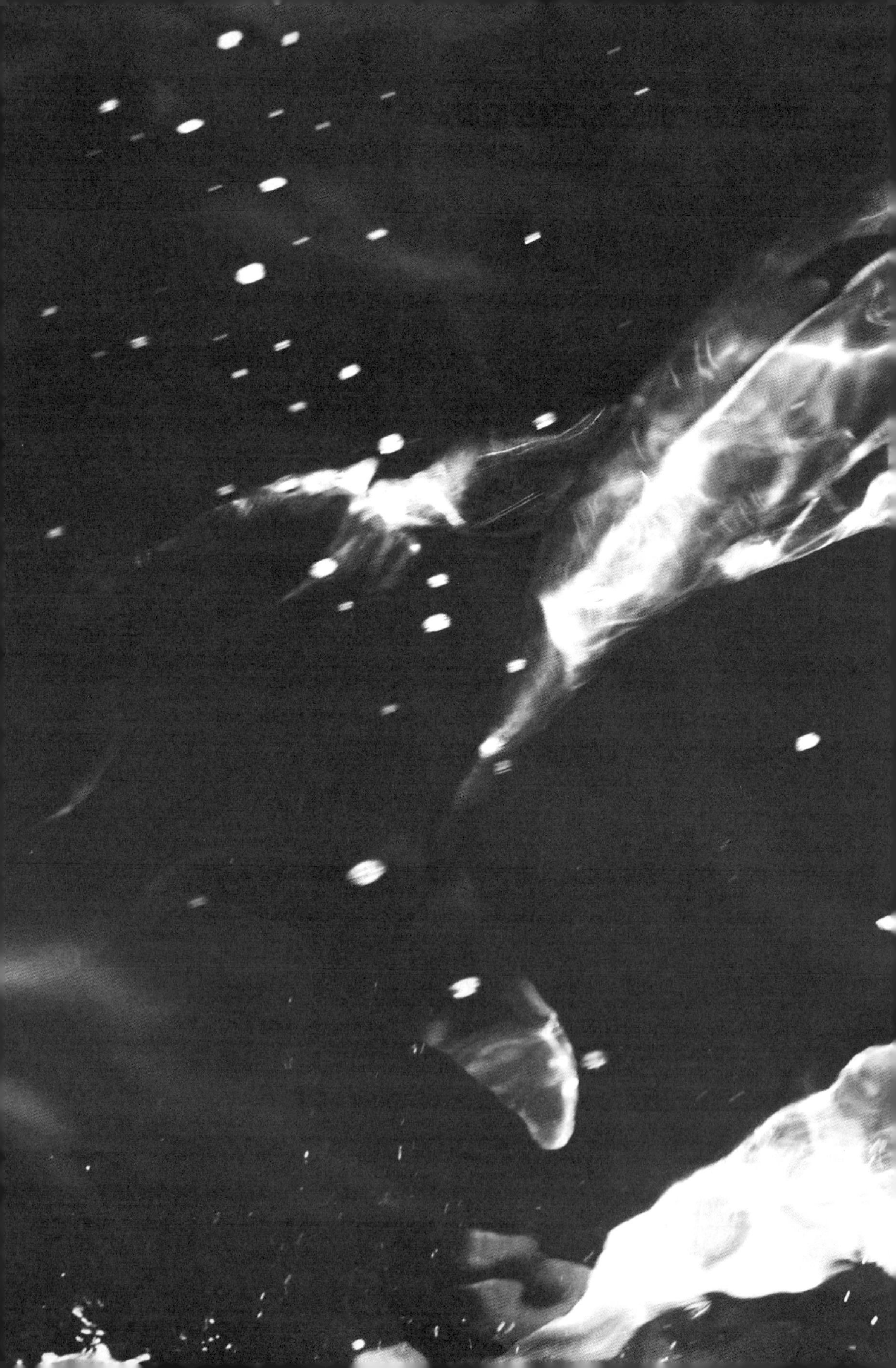

鲨鱼没拍到，海豚却拍了很多。航行大海，常常有海豚随行，伸手可以触摸它们光滑的脊背。在大海深处，我听过最美的海豚音

我就是一个人在海上了——真寂寞啊，就算想讲几句无聊的话也没有人听了。这条鲨鱼不失时机地出现在我面前，就是为了倾听一下我的心声吗？

我从船舱里面掏出一包方便面来扔到海里，"哥们儿，你要是肚子饿了就来一包方便面吧，可千万别吃我啊！哥哥我也是吃方便面过来的，现在让你'一步到位'！"

方便面抛进海水里，迅速沉下去，但鲨鱼老弟都没拿正眼看它，依然执着地追逐着它的既定目标。

经过这么一个插曲，我百无聊赖的航海生涯有了几笔色彩，至少我是不敢打瞌睡了。晚上就看到那个巨大的身体浮起又沉下，偶尔还在海面上跃出一道抛物线。它会不会是把这条帆船当作同伴了？我在离船尾还有一定距离的地方，眼睛死死地盯着海面，以防它突然发狂。

东方天色泛白，这位"同伴"居然陪了我一天一夜。我忍不住笑起来，冲它喊："哥们儿，你够执着的！留个联系方式吧，下次来太平洋我还找你给我保驾护航！"

不知道它是不是听得懂我的话，一天一夜的陪伴让我产生一种亲切感，也许是极度的孤独让我可以接受一条鲨鱼做"朋友"吧。我忽然觉得我与它可以"心灵相通"，我猜它可能也只是一时无聊，才跟在船后客串了一次"保镖"吧。

27日上午11时，在跟随我整整一天一夜后，大家伙终于游开了。我确认了一下，已经看不到那团黑影了，心里忽然失落起来。漫长的旅程中，一个旅伴该是多么难能可贵啊，哪怕它是那么的危险！

这也让我想起了航行途经西沙群岛的时候，有振翅飞翔的海鸥和鲣鸟为我送行。鲣鸟是西沙群岛海域最常见的海鸟，遍布岛上的马蜂树就是它们最喜欢筑巢的地方。渔民们尤其喜欢这种鸟，航行在茫茫的大海中迷失方向时，可以跟随飞翔的鲣鸟安全地返回陆地。所以，鲣鸟也被称为"导航鸟"。

在深海里航行，能陪伴我的，就只有天空的飞鸟和水中的鱼儿们，航海真是太孤独、太寂寞的一件事！

现在，那个曾经陪伴了我一天一夜的鲨鱼老弟在哪里呢？也许正在某一片海域里饱餐吧？我还真想再见见它。

赤道上静止的绝望

晨雾渐渐消散，"日照"号在海上继续航行。苏拉威西岛上，海拔3311米的洛基拉拉基山的雄姿出现在我面前，望加锡海峡最窄处深达2366米的海水承载我的船驶过。东南亚海域有许许多多奇异壮丽的景观，比如那7米高的涌浪，白浪翻滚，就像大海被煮开了一样。就在这样的景致陪伴下，2007年6月9日，我驾驶着"日照"号穿越了赤道。

穿越赤道的时候，我非常兴奋，躺在甲板上看天边的火烧云，灰铁色的云朵镶着暗红到浅紫色的边。云朵在半空中变幻着模样，变着变着，就像我的"日照"号了；变着变着，安琪的模样就出现了。

可是，过了不久，老天爷又开始"发飙"，风向从东南风转成西南风，风力达到了22节左右（约相当于6级风），黑云密布，海上白浪滔滔，迎面的侧浪撞击着右舷。我把主帆和前帆降了下来，对风雨严阵以待，也期待这场雨给我穿越赤道的航段带来少许清凉。

如果没有赤道，没有南北回归线，没有那些经纬线，地球不会像现在这样让人感觉有质感。尽管这些经纬线在现实中是不存在的，只是标记在地图、地球仪上，没有任何一座山峰、任何一片海洋上有一条明显的线，告诉你这就是本初子午线、这就是赤道……这些经纬线来自人们的想象，来自人的精神力量。人们运用自己的理性思维，把一个巨大的星球描画成一张地图、浓缩成一个小小的地球仪。

穿越赤道的时候，我的脑海里尽是一些有关人类文明的遐想。如果祖先的"天圆地方说"流传到当今，我还能出来航海吗？如果欧洲的"地心说"依然占据着思想主流，那今天是否还有这么多现代化的仪器、设备来引领我航行？

如果是那样，也许我根本就不会出发了，因为去"天涯海角"是没有意义的。所以，穿越赤道的时候，我莫名的兴奋，我感觉我越过了人类文明中一条非常重要的界线，不亲身到达无法感受到那种神圣。是的，人类的能力是有限的，地球在宇宙中这么小，小到被今天的人们称为"地球村"，可我们依然没有足够的力量覆盖这小小星球的每个角落——比如，我从没在大海上看到一家漂浮的麦当劳。但是，人类精神的力量又是如此强大，

它可以把文明的影子投射到世界上任何地方——就算这浩瀚大洋也无法阻挡它。不经意间，我成了一个人类文明历程的回访者，成了一个人类思想世界的言说者。

但是，接下来，赤道周边的无风带让我吃尽了苦头。

曾经有5天时间，海上一丝风都没有，船停在大海里，几乎看不出移动的迹象。极目所见，四周一条船都没有，连一条海豚或是鲸鱼都看不见，真是安静极了，好像一座流动的坟场一样。

赤道无风带是指赤道附近南纬、北纬5度线之间的地带。在这里，太阳终年近乎直射，是地表年平均气温最高的地带。由于温度的水平分布比较均匀，水平气压梯度很小，这里的气流以辐合上升为主，风力微弱，所以被称为赤道无风带。在这片海域，天气情况非常单调，持续高温让"日照"号成了烤炉、蒸笼。再加上几天没有一丝风，酷热难当，我在船舱里也待不住，在甲板上也耐不了，真正体会到什么叫"热锅上的蚂蚁"。尽管有海水淡化装置，但是淡化后的水依然很咸，只能勉强饮用。周围的空气像大蒸笼那样闷热，我觉得自己要被蒸干了。

因为天气过于潮湿，我身上起了湿疹，一大片一大片的，奇痒难忍。特别是在掌舵的时候，没法去抓挠，更是痛苦难当。情绪特别烦躁的时候，我只觉得气血上涌，常常无缘无故就破口大骂。骂谁呢？我不知道。其实海上航行最可怕的还是寂寞。没有人可以对话，看书也让人心烦，海面的景致一点变化都没有。

▶ 赤道无风带，静止的海面。航海时，既盼风，又怕风。狂风巨浪会将航海者置于险境，风平浪静时也同样危机四伏。一旦没有风，无动力帆船将无法前行，食物和淡水会慢慢耗尽……

深深的孤独感占据了我的心。如果再没有风，我可能就在那里发疯了。寂寞就像一条细铁丝一样，一点点勒进我的脖子，让人窒息。

坐在船头的时候，我就会盯着远方看，哪怕冒出一点点烟雾，我都会兴奋得大喊大叫，如果它不过来，我就会突然暴怒，冲着它大骂。我要学会自己和自己说话，看书的时候，我时常会大声读出来，在心里告诉自己，是一个伙伴在为我读书。

我从不在海里钓鱼，但我从没有像此时这样，热切地盼望一条鱼出现在视线里。或者有龟丞相、虾兵蟹将、巡海夜叉乃至龙王出现，我一定会把它们拉住，好好聊上一宿。

一天晚上，我被远处朦胧的灯光惊醒。海上有薄雾，一点淡黄色灯光出现在海平线远处。我判断那应该不是海盗，但还不知道它的来头。我还是迅速关掉了大灯，只留着微微一点亮光。10分钟过去了，那束光似乎没有移动。难道它也静止在这大海里了？我更加好奇，盯着光源方向一动不动。薄雾慢慢散去，那盏灯竟然比刚才高一点了。再仔细看，原来是一轮明月正从地平线上升起来！

"海上生明月，天涯共此时……"

风暴十二日

经过在印度尼西亚首都雅加达的休整，我驾驶着"日照"号再度起程，驶向印度洋。

进入印度洋后，风暴就没有消停过。2007年7月12日，大风在我航行的海域掀起一层层的大浪，整片大海像是装在鱼缸里，然后被人用力摇晃一般。

老天爷，管管你的大海吧，水要泼到地球外面去了！从这一天开始，长达12天的风暴，让我再次经受了大洋的考验。这也是印度洋给我的"见面礼"。

天黑了，天又亮了……风力丝毫没有减弱的意思，海面像开锅似的沸腾着海浪。这种状态持续7天后，我感觉筋疲力尽了。我想起最初航行在太平洋上从新西兰到斐济那段海路的情形——历史真的要重演吗？

我放起音乐，让悠扬的歌声冲淡我身体的疲惫，也让即将到来的暴风雨没有那么可怕了。我抬起头看看天空，天上堆积着厚厚的云朵，像吸饱了水的海绵。我眺望一下海面，漆黑如墨，乌黑的浪开始一层一层朝"日照"号扑过来。风力继续增强，最高时达到了31节（接近8级风），让我觉得它是从皮肤下面吹过，脸上的皮肤都仿佛被吹得起皱了。水柱涌起，足足两米多高，扑进海浪里，变成水墙，"哗"的一声塌下去，那架势像是要把"日照"号压扁。冰冷的海水撞击到甲板上，浇透我的全身。浑身的毛孔骤然缩紧，眼前一片模糊，几乎都要呼吸不过来——好震撼的冷水浴啊！我大口地呼吸着，发出疯狂的吼叫声！"日照"号在风暴里被撕扯了两天，14日上午10时，风浪越来越大，我也越来越焦躁不安。我不知道自己还能坚持多久，"日照"号还能坚持多久。我躲在船舱里，和文彬通了电话，告诉他我的位置和近况，晚上与雅加达国际日报社的杨学科通电话，告诉他我的经纬度，这也是我离开雅加达后第一次与他联系。我开始无限怀念起刚刚见过的印尼的朋友们，怀念那些洒满阳光的海岛、椰林和美女，那是一幅暖色调的水彩画，而现在我正在面对一幅泼墨狂草。我只有祈祷明天的风浪能小一些。"别天真了。"我对自己说。进入7月15日，印度洋的怒气没有丝毫消减，反而越来越大。信风掀起的浪有三层楼高，

▲ 在生死关头抓拍下的印度洋风暴

猛扑过来又如同楼房轰然坍塌。

"日照"号基本上以倾斜45度，甚至倾斜90度角的姿态在大洋中行驶，我的半边身子基本泡在水里。我系紧腰间的保险索，咒骂着这该死的天气和讨厌的巨浪。突然，看到一块巨大的"陆地"从海里升起，我看得目瞪口呆，原来那是一头鲸鱼的背脊——这巨大的"鱼缸"强烈震荡时，海洋中的霸主也会变成瑟瑟发抖的胆小鬼。按照全球定位系统（GPS）的显示，我这时已经抵达印度洋的中心位置。四顾茫茫，我的大脑保持着几乎酥麻的状态，身体也被冰冷的海水浸泡得几乎失去知觉，一直担心风浪随时会把"日照"号拍成碎片。

天空中大片的积云层密集在东边日出的地方，风力达到六七级的东南风中，西边的落日透过黑灰低沉的云，露出血色的薄丝。黑色的地平线涌动着，船尾积雨云层又向"日照"号压过来，伴着破锣声似的被拉长的涌浪声。风起云涌中，我大喊两声，回应我的，除了风浪还是风浪。

风暴间歇时，我发现有几条小飞鱼跃到了（或是被风浪甩到了）甲板上，蹦跶了两下，便躺在那里。此情此景，有若神谕，仿佛在预示着我可以最终穿越风暴。有了它们下酒，我一手把舵，另一只手举着一瓶70度的"琅琊台"——我最喜欢的家乡酒，与老天碰杯！痛饮微醺时，我站到船头，酒气冲天，面对着一股几百米外的浪头，看它陡然冲到半空中，乌黑色泛着白沫。我解开裤子"方便"，微笑着看那浪头暴起10米高，然后又软绵绵地匍匐下去——是的，我们可以败给自然，但是我们不能输了气势，人类是万物之灵长，绝不是自然的奴隶。

19日，"战争"继续。我突然发现自动舵失灵了。一惊，心狂跳起来，"老姑娘，争点气啊！"我默默地为"日照"号祈祷着，同时赶忙检查，发现方向舵的螺丝居然被打断了，"日照"号一下子失去目标，在风浪中打旋。我只好启用手动舵柄控制舵，用全部力量控制着船行走。这时，我想起了卖给我"8米帆"的新西兰船主的话，只觉他一语成谶。

20日，我的双手、双脚都几乎要麻木了。从七天七夜不间断的风浪中杀开一条血路，这个代价是沉重的。头顶上的帆被撕破，只能勉强提供一点动力；自动舵的螺丝已经被打断，完全失去了作用；手动舵也快掌不住了。

在狂风暴雨中，我艰难地接到老谢的电话，由众多关心我的朋友自发组织的"密切关注翟墨委员会"帮我联系了附近国家的海上救助组织，得到的答复是开价30万，而且只救人不救船。

我毫不犹豫地拒绝了救助。狂风中，我怒吼着告诉老谢，在海上，没有哪位船长会轻易放弃自己的船！但凡遇上海难，船长与船之间，都是船在人在船毁人亡！他们不救"日照"号，我也不用他们救！我要与"日照"号共存亡！

这时，离我最近的陆地是查戈斯群岛，是在印度洋中部的英国领地，其中的主岛叫迪戈加西亚，是美军在印度洋里最重要的军事基地——一般船只是不能靠近的，如果靠近很有可能被击沉。

我必须做出选择：是这样在印度洋的风浪里飘摇下去，没有任何把握地继续远航毛里求斯，还是试图停泊迪戈加西亚岛？我只是听说岛上有数量不少的美军驻扎，任何靠近的人都可能遭到盘问、逮捕甚至是攻击。去找荷枪实弹的美国大兵"谈理想"，靠谱吗？可是，身心俱疲的巨大痛苦已经不容许我更多地犹豫了。我决定抱着一线求生的希望，往那个岛硬闯。不知道等待我的是美酒还是子弹，我悬着一颗心，忐忑不安地向那座小岛漂去，并通过电话把行程告诉了朋友们，对他们说，如果我没有及时和他们联系，可能就是消失在美军基地了。

接下来的整整5天航行里，我都在用两只手轮换掌舵，变换着坐、站、躺、跪、趴等所有姿势，就是一刻都不敢松开。赌一把！如果我的臂力可以撑到美军基地的话。早在2004年，我为了买船，在荷兰认识了曾环球5次的汉克（Hanke），他说曾有很多人问他为什么要航海，他风趣地说，就是为了这个问题才去航海的，在海上想明白了，但回到陆地就又不知道答案。现在，我想我知道他的答案了。当一个几米高的大浪狠狠扑打过来，掌控着帆船迎接这痛快一击时，虽然没有观众，只有我一个人和辽阔的大海，但我觉得这时候我才是个真正的男人！

到访迪戈加西亚岛美军基地的中国人

2017年7月25日,老天爷还在耍着"酒疯"。经历了整整12天的风暴肆虐,我的船快接近迪戈加西亚岛了。绕过辛普森角,隐隐约约可以看到建筑物的轮廓,我兴奋地狂吼、狂笑,"我们有救了,老姑娘!"但是,笑容很快就在我脸上凝固了。出现在我视线中的,不仅仅是一些高矮不一的建筑物,武装直升机、隐形飞机、巡洋舰,甚至航空母舰……都从海港里面冒出来。此前,我只是粗略听说过这一带有一个美军基地,但身处其间,它的庞大超乎我的想象,这里的部队足以发动一场局部战争了!

远处出现了两个小黑点,慢慢变大,是两艘军用快艇,上面站满了荷枪实弹的士兵,有12个人。他们表情非常严肃,如临大敌,用英文对我高喊:"别动,你已经被包围了!"

从他们端起的枪来看,似乎已经把我当成间谍或是入侵者。我向他们挥手,表示我没有敌意,手上也没有武器。两艘快艇靠近后,几个大兵跳上我的船,枪口依然对着我。不由我解释,立即开始搜查我的船。大概很少有陌生人会如此冒失地靠近这座大洋里的禁区,而且这个陌生人一头长发,看上去不像渔民或是游客。大兵们显得紧张又严厉。这还是我第一次看到武装到牙齿的外国军人。他们手上的长枪短炮,以及那种厉喝,足以震慑到我。如果他们把我当成间谍,或者是擅自闯入基地的恐怖分子,那他们枪膛里的子弹足以把我打成筛子。

我想微笑一下,但是空气仿佛都凝滞了,我只听得见自己的心跳,根本笑不出来。但我心里还是很高兴——不管怎样,见到活人了。

见我似乎不会英语,几个大兵先冲我比画,意思是问我有没有武器,我赶紧摇摇头。这时,他们在船舱里搜出了照相机、水手刀和照明烟幕弹,顿时紧张起来。我连忙用"山东英语"介绍自己,吞吞吐吐的也不是那么有说服力,黑洞洞的枪口依然对准我,我只有心里暗暗祈祷千万别走火。见盘问不出什么东西,大兵们决定带我上岛。他们挥舞了一下手中的枪,示意我跟他们走。经允许后,我给英语流利的朋友少阡打了一个电话,她在电话里与当兵的头儿解释。我只听懂了当兵的说了:"Yeah... Ok, I see.(好的,我知道了。)"随后少阡告诉我,先跟他们回去再说,大家

会想办法营救我。

我当然不能驾船了,备用舵由一个年轻的下士接手。他看看我破碎的风帆,用诧异的眼光看看我。他示意我坐在原位上不要乱动,但船航行了一会儿,他忽然又向我招手:"You, take it!(你来开!)"说完甩着手让开了位子,我笑了!这个舵可不是一般人好掌握的,六爷我掌着它走了好几百海里呢!

大兵们把我带到类似看守所的地方,登记了我的各项证件信息。在风雨里折腾了七天七夜,此时我早已经体力不支,瘫坐在椅子上,任由他们去处理这些文件和手续。

很快,他们就把我关进了房间。"你要不要吃点东西?"看守问我,我精疲力竭,几乎说不出话来,只好比画着示意他,吃的免了,我想先洗个澡。

一张床、一个便池、一本《圣经》,美国有部著名电影《肖申克的救赎》,这房间就跟那电影里的牢房差不多,但是这样的条件对我来说已经非常好了。对方示意我今天晚上就住在这里,还警告我说,这个军事基地是不能随便进来的,我的行为属于非法闯入,"要么蹲大牢,要么交罚款,你自

己看着办!"对方的人不能了解我当时的心情。面对他的时候,我是多么释然啊!经过一场漫长的暴风雨,我现在多么庆幸能够脚踏实地,而且身边来来往往这么多人,这是在寂寞大海上求之不得的事情!尽管窗外就是大海,我也不知道什么时候能从这座岛上出去,但那一刻我就想留在那里,洗个热水澡,躺在一张不会摇摆的床上,好好地读一会儿书,美美地睡上一觉。

"我没有钱,我选择坐牢吧!"他没有想到我是这个答案,悻悻地瞪了我一眼,叫人把我带走。

洗了一个热水澡之后,我懒懒地走出浴室,竟然发现有一块比萨饼摆在桌上,我不由得笑了起来。一位"看守"还走过来告诉我,我住的房间并没有锁起来,如果我愿意,完全可以到他们所在的客厅里面"串串门"。"在这里你可以看电视、喝啤酒。"他们这样告诉我。那就不客气啦!我一口气喝下3瓶啤酒,然后看电视看到晚上10点才去睡觉。第二天早上起来的时候,他们的态度已经温和许多,还为我准备了早餐、咖啡。大概是已经审核过我的所有证件,加上少阡后来给他们又打了一次电话,当兵的终于对我有了一个大致完整的印象,知道我在环球航海,而且来到这个

◀ 七天七夜的暴风雨将我送到印度洋上的英属美军基地

军事基地实属迫不得已。

我和他们闲聊了起来,用"山东英语"加上肢体语言,已经演了差不多一出话剧加舞蹈剧了,他们才明白我一路上经历了什么,纷纷竖起大拇指:"So cool!(太酷了!)"

昨晚我睡在看守所的床上,别提有多香了。从印度尼西亚起航之后一个多月,就没有睡得这么舒坦过,这可是出人意料的收获。不过,经过岸上的朋友们帮忙联系相关部门,我可以离开这座岛了,并且这些大兵还会免费帮我把船修好。我倒情愿被多"拘留"几天,补充一些体力再走。

上午9时,几名大兵陪我去码头,"日照"号已经被修好。被风浪扯破的帆已经缝好,自动舵的螺丝也被焊接好——办事效率还是挺高的。

我给"日照"号补给了油料和生活用品,6个全副武装的大兵送我出岛。回到船上,我将物品摆放整齐,尽量省空间。6个"保镖"很耐心地等我把一切准备完毕。我小心地提出了我的请求——与他们合影留念。他们互相看了看后点头答应,选了一处以海为背景的地方,用他们的相机拍了几张。随后,我提出用我的相机也拍一张做纪念,他们也同意了。对着镜头,他们终于笑了,估计肯定是从没见过像我这样的中国人。

大兵们驾着快艇一直把我送到红绿灯标处才挥手离开,偌大的印度洋,现在又只剩我一个人了。后怕的心情这时才涌上来。如果当时不是两艘快艇过来盘问我,而是岗哨上一支狙击步枪直接击中我的眉心,我的小命已经丢在这个小岛上了。在大海里,一个人、一艘船的消失,实在是太微不足道了!

如何面对死亡,这是我硬闯美军基地之后思考的一个问题。航海经历着肉体上的痛苦,但精神上的痛苦似乎更加折磨人。后来的环球旅途中,我在夏威夷结识了一位美军运输舰的舰长,他告诉我,我是第一个登上迪戈加西亚岛的中国人。

离开迪戈加西亚岛后我抵达了世外桃源——塞舌尔。在那里,我收获了很多笑脸,真可谓人间天堂啊!

▲ 迪戈加西亚一瞥

◀ 我与美军基地大兵们的合影

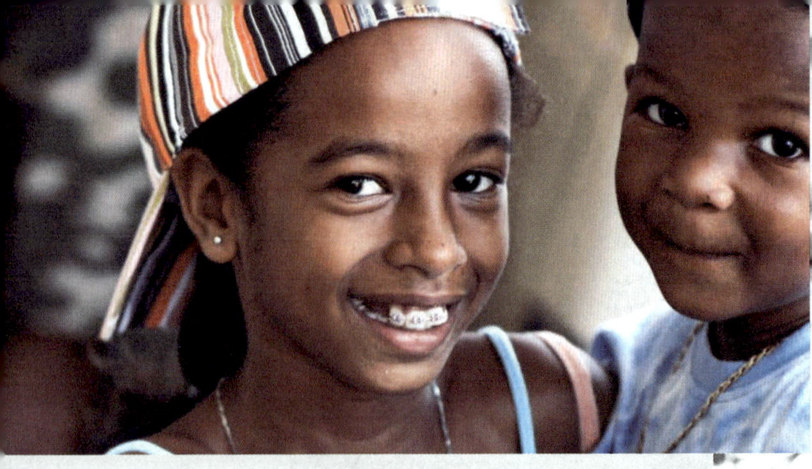

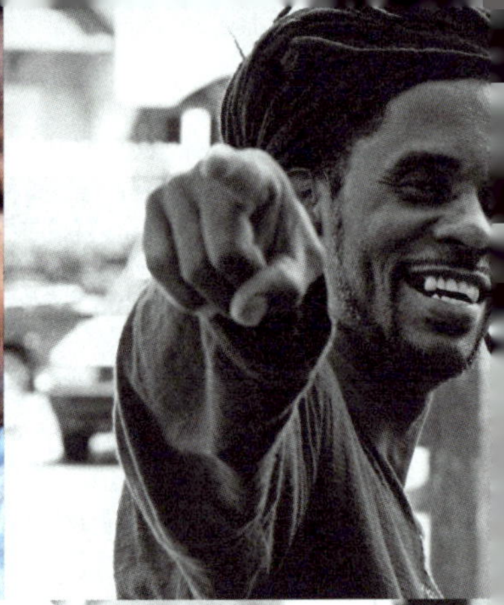

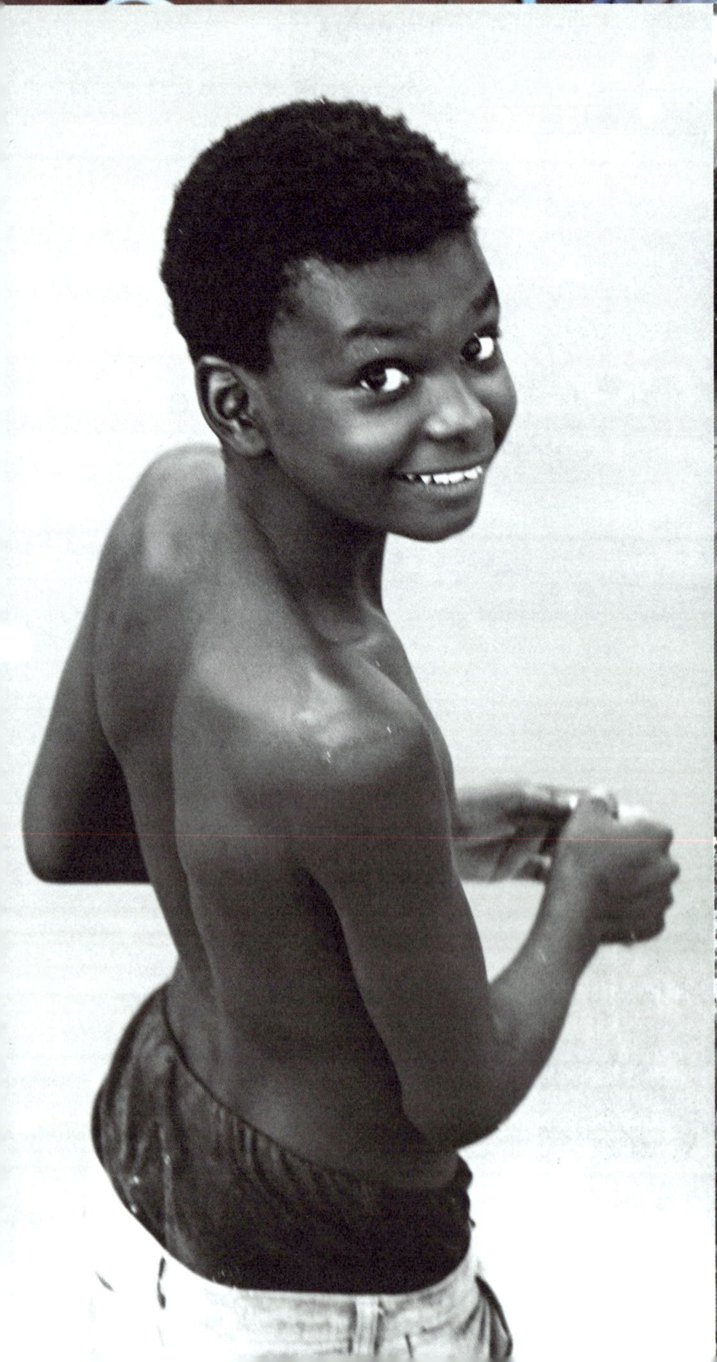

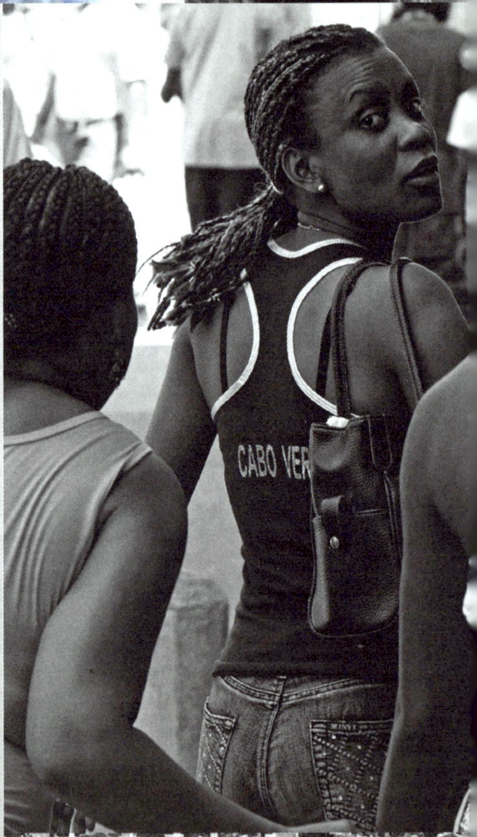
CABO VER

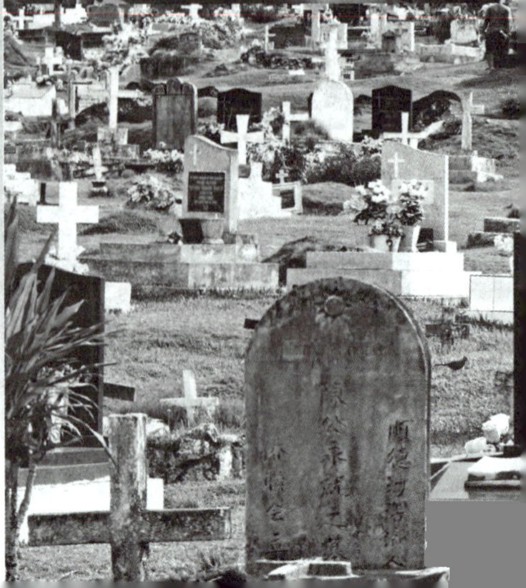

◀ 2007年8月3日，已经离开美军基地有一段时间，我顺利地抵达了非洲岛国塞舌尔，拍摄这里的风土人情。我的航海日志上并没有标出这一段，我想也许是因为塞舌尔实在非常惬意，不知不觉在那里停留了一个多月的时间，却忘记了提笔把在那里的生活写下来。在塞舌尔的日子相当舒坦，不用西装领带，我能很轻易跟当地人打成一片。我成天趿拉个拖鞋四处晃荡，拍着有关这个岛国的纪录片。这种节奏其实令人羡慕。走着走着就会停下来，看看天，看看海。走在大街上，空气清澈透明，微风徐徐，街头没有那么多喧嚣嘈杂，小岛自有其缓缓的节奏，让人充分享受日光、海水和沙滩

◀ 我使用中国护照，没有签证，所以在各个国家通关都是重要的事情。我用一本护照跑遍了全球，很多人不相信，但我确实做到了。这是塞舌尔负责办理通关手续的官员，对我非常和善友好

离开塞舌尔的时候，就如同清晨要离开一张柔软的床

莫桑比克海峡的"幽灵船"

2007年9月6日,我恋恋不舍地离开了印度洋西南部海域的世外桃源塞舌尔,进入了世界上最长的海峡——莫桑比克海峡。

莫桑比克海峡位于非洲东南部,莫桑比克与马达加斯加之间,是海上航行通往南非的必经之路。它全长1670公里,呈东北斜向西南走向。海峡两端宽中间窄,平均宽度为450公里,北端最宽处达到960公里,中部最窄处为386公里。海峡内大部分水深在2000米以上,最大深度超过3500米,仅次于德雷克海峡和巴士海峡。

莫桑比克海峡不仅多雨,而且容易产生飓风,但这都不是最可怕的。最可怕的是那些游荡于海上的幽灵——海盗。

9月6日下午3时,"日照"号经过莫埃利岛与昂儒昂岛之间,没有风,涌浪有2米到3米高。和在广阔的大洋上不同,由于有海峡的庇护,这里的海水要温和许多,我驾驶着"日照"号随流而动,从下午一直平静地航行到晚上。

太阳渐渐下山,微微凉意袭上海面,却没有风,月亮从云中探出头来,海面上蒙着薄薄的一层雾气,月光也若隐若现。天空呈现暗红色,仿佛预示鬼魅要降临世间。

没有过渡的轮船,也看不到陆地,甚至连擦身而过的鱼群都没有。汪洋大海仿佛被某些东西挟持着,屏息静气,不敢有任何动作。直觉告诉我似乎有什么不对劲的地方。

7日凌晨4时,我在迷迷糊糊中似乎听见有马达的声音。海面太安静了,哪怕是一颗小石子在几公里外投入水中,也可以在我的睡梦里泛起涟漪的。没错,那的确是马达的声音,"突突突突……"由远及近、鬼鬼祟祟。听起来不像是打鱼人——渔船的马达声要坦荡许多,他们在海上巡航,直奔鱼群集中的目的地,不会如此犹犹豫豫。我听到的马达声似乎在寻寻觅觅,所以来来回回。

我睁开惺忪的睡眼,在雷达上寻找着马达的源头。"日照"号左舷30海里(约55公里)左右,雷达发现了一个黑点,尾随着"日照"号,而且在迅速地靠近。我走上船尾,想去看看那究竟是一条什么样的船,可是天色如墨，只看到一个混沌的黑影。

突然，对方开了一下探照灯！一束亮光从远处直射而来，照到我的眼睛里，刺眼的灯光让我赶紧合上双眼，几秒钟后灯光熄灭了，再过几秒钟，灯又亮起来，这次持续的时间长一些，在"日照"号附近来回扫荡，然后又熄灭了，一切回归寂静。

糟了，难道又遇上了海盗？

我心里一惊，睡意全无。莫桑比克海峡本来就不是什么太平的地方。很长一段时间里，这里因为海盗而杀机四伏，臭名昭著。最有名的要数索马里海盗。他们驾着速度极快的飞艇，拉上一伙人马就四处横行、肆意抢劫。电影《加勒比海盗》描写的是百年前一群粗鲁怪异的海盗，而现实中他们可没那么绅士，有时万吨货轮在他们手上也如同砧板上的肉一般，动动手指就能要人小命。

我迅速熄灭了"日照"号的灯，电子设备也尽量关闭，伏在船尾，暗暗转舵，加速前进。无奈帆船比不得飞艇，那艘船越来越近，如果不是朦胧夜色相隔，只需要一架望远镜，我们几乎可以看到对方脸上有几条伤疤。

我的尖刀一直绑在腿上，然后给文彬打电话，报告我的方位和现状，万一出事，他们好知道我最终消失在哪片海域。有了之前几次遇险的经历，这次我要平静许多，尽管心里"突突"狂跳，但还不至于瑟瑟发抖。

以雾气和夜色为掩护，我在船头和船尾来回奔跑，不时制造出一些响动，一会儿在船头探个头，一会儿又在船尾挥两下手，一会儿又在桅杆附近高举棍棒。我把头发束起来是一个人，头发披散开是另一个人，头发藏起来又是另一个人。我想，对方也许会被我迷惑，搞不清楚船上到底有多少人，究竟是什么身份，是否携带武器，会不会顽强抵抗，胜算又有多少。

我何尝不是这样在揣度那条鬼魅一般的船呢？半晌我还没有看到那模模糊糊的轮廓里冒出一个人影。它就像幽灵驾驶的船只，除了"突突"的马达声，以及越来越近的船影，没有别的动作。

就这样，我们无声地对峙了一个小时。天要亮起来了，雾气逐渐消散，那条船忽然不见了。也许它被我迷惑了，觉得这是块硬骨头，不如另外觅食；也许它发现了我的伎俩，想着船上不过一个人，还不够塞牙缝呢，干脆放弃。总之，它不见了，消失在夜色里，茫茫大海恢复了死寂，又好像在大口喘息着。

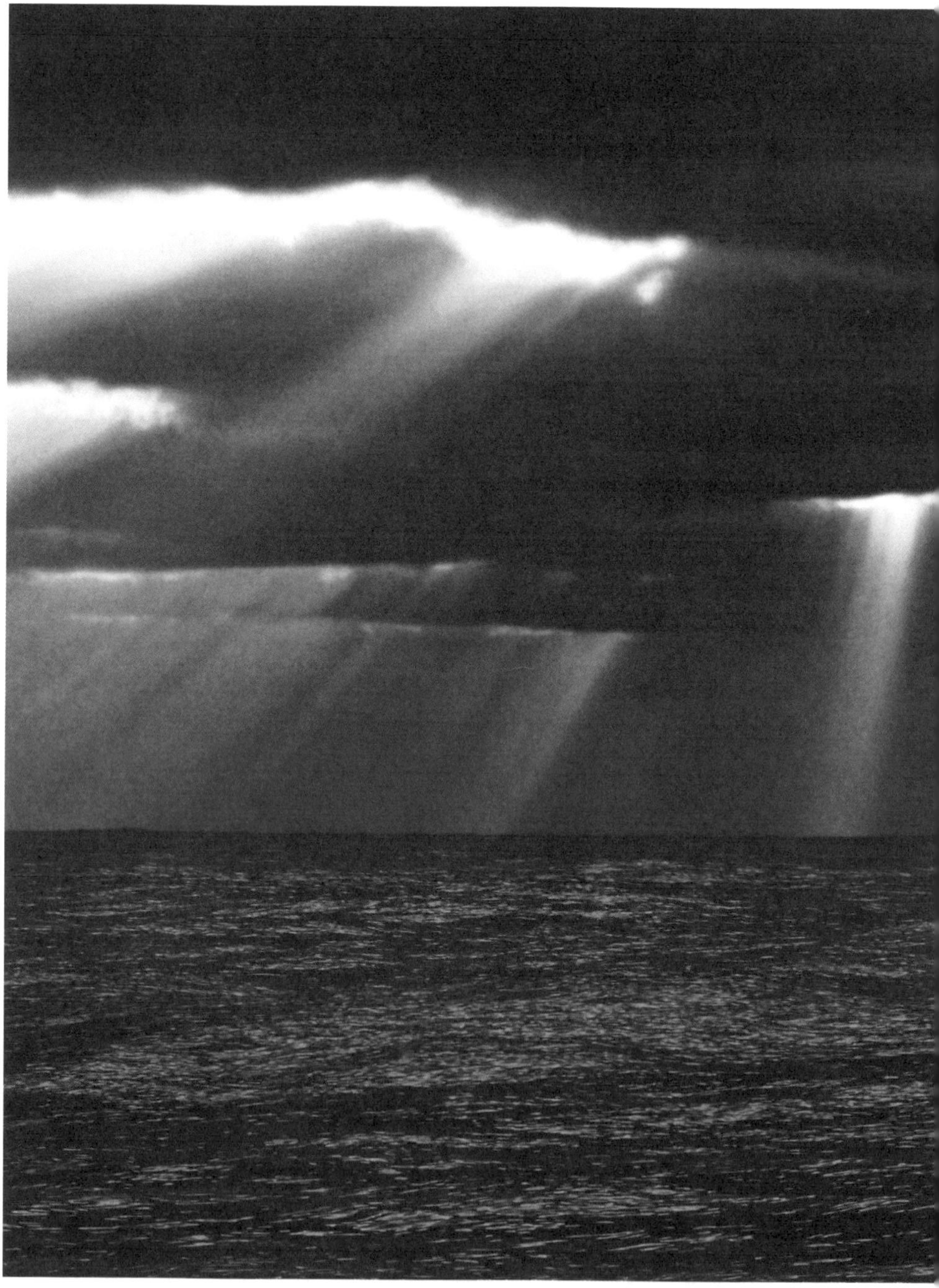

◀ 迪戈加西亚岛东南方海域，绮丽的海上晨光。
经纬度：
南纬11度53分
东经77度58分

我听见了自己的心跳，一下子瘫坐下来，这算是死里逃生吗？

在劫后余生的虚脱中，我忽然对最初航海的目的产生了怀疑：航海，我最初是为了自由，可现在置身茫茫大海，困在这艘船上，真的自由了吗？似乎还不如一个囚徒！即便是死囚，还知道自己具体哪一天死呢，而我，时刻提心吊胆，随时可能会丧命。

船行大海就是一场自我放逐，你需要选择自己真正想要的东西，才有足够的勇气让自己置身于那样一个恐怖和绝望的世界。

风暴、鲨鱼、海盗、军舰、暗礁……稍有不慎，我就可能看不到明天的太阳。如果刚才命丧那艘"幽灵船"，我会后悔吗？

一道白帆从狭长的莫桑比克海峡冲出来，在非洲的水域划开波痕。这是印度洋的边缘，无数航海家沿着这条路线去往东方，这让我有回访历史的感觉，仿佛脚下的流水要把我引向的，是时光的深处。

我开启一罐啤酒庆祝，终于经过了那片杀机四伏的海域。酒意还没有消除，新状况又发生了。9月13日凌晨1点，在迪戈加西亚岛修好的液压自动舵螺丝又断了——美国大兵们的手艺不过关啊！我拍拍脑门，只觉烦闷无比。只得继续依靠备用舵，靠两手掌控。幸亏海面上并没有太高的浪头，只有强烈的顶风，吹散流云，也推着"日照"号机械地往前进。

我没有那么多精力，同时掌舵、支帆、看海图，只能任由大风裹着船随波逐流。海流一直往南，方向是正确的，但是风却是横着吹，一直向着岸的方向，带来不小的干扰。海图上显示附近没有可以停靠的海港，要去南非的话，只能停靠在距离南非最近的理查兹贝港。

10个小时之后，才远远望见理查兹贝——我终于到达非洲大陆了，这座神秘而古老的大陆，是郑和本人都没有真正抵达过的地方——我终于超越了他的路线！

厄加勒斯角、好望角、迪亚士、达·伽马……

在理查兹贝，我遇到了沃尔夫冈夫妇，他俩来自德国，都已经过了花甲之年，可看上去似乎不到50岁。他们在海上已经航行了8年，去了世界无数地方，3年前开始了这趟环球航行，一路玩玩走走到了非洲，和我一样也准备挑战好望角——我终于有伴儿了！

在他们的帮助下，我找到了车工，请工人一口气做了4个一模一样的液压舵螺丝。从7月份以来，我一直被这个小小的螺丝困扰，它让我不得不靠手臂掌舵，受了几天几夜的罪。后来在穿越大西洋和太平洋的时候，其中一个断掉，另一个被海浪打得扭曲，剩下两个则坚持到航海结束。

2007年11月18日凌晨4时，风浪减弱了很多，船灯扫过海面，迅速地移动着。月光与灯光融汇在一处，海水在闪烁与幽暗之间变幻着。海面平静下来，只有风鼓动帆的声音。沃尔夫冈夫妇的船在我的右侧，他们稍微靠前一点。我可以看到老先生掌着舵，脸色玄铁一般镇定自若，高大的身影牢牢地钉在船上一般，一动不动。我们准备穿越诡异的厄加勒斯角。

沃尔夫冈的技巧了得，风帆在他手中像装上电动马达一般充满了劲儿。他始终比我要领先半个船身。老先生这身本事实在值得钦佩。

◀ 沃尔夫冈帮我给"日照"号加装了一个通风的窗户，我问他需要多少报酬，他却只向我要了一幅肖像画

▲ 南非最南端的厄加勒斯角,印度洋与大西洋的交汇处

忽然,他的船响起了汽笛,"呜呜——"笛声刺破夜晚的宁静。沃尔夫冈满脸兴奋地指着一处高声叫着,转过高高低低的一片树丛,转过瘦骨嶙峋的峭壁,一束银光闪烁着,晃得我们睁不开眼睛——啊,厄加勒斯角!

如果不是航行到此,我不会意识到,非洲的最南端并非好望角,而是厄加勒斯角。好望角在世界上实在太有名,厄加勒斯角被笼罩在好望角的光环之下,任海浪拍打寂寞岁月。

也许是因为憋着一口怨气,厄加勒斯角对经过它面前要去膜拜好望角的船只都很不客气。这里是著名的危险海域,不仅仅因为风高浪急,而且航船每到这里,罗盘的磁针总是没有一点偏角地指向正北方向,因为这个地区磁北极与地理北极的方向正好一致,厄加勒斯角在葡萄牙语中意为"罗盘磁针",为它命名的正是一位葡萄牙航海家。

▲ 在厄加勒斯角上有一座石碑，无声地抗议这种不公正的待遇。半人高的石碑上，用南非的两种官方语言阿非利加文和英文标明：你现在来到非洲大陆的最南端——厄加勒斯角，下面注明地理位置——南纬34度49分42秒，东经20度00分33秒。石基上左边写着印度洋，右边写着大西洋

厄加勒斯角显然也"盯上"了我们。我用无线电与沃尔夫冈联系，用"山东英语"和他的"柏林英语"对话，才发现我们的电子仪器不同程度受到影响，持续了 25 分钟，数字全乱了，表盘一会儿往前进，一会儿往后退。

两艘船越过厄加勒斯角，磁针与仪表又恢复了正常。一个庞大的湾口向非洲大陆里面凹陷，形成一块巨大的天然海港。海港这一边的入口就是厄加勒斯角，它划分了印度洋和大西洋。而出口就是好望角。这两个角活像一个袋子的两个提手，把一湾平静的海洋拥进非洲大陆的怀抱里。在好望角上还竖立着一块牌子，上面标着"距北京 12933 公里"。

"不要休息啊，继续前进，让达·伽马在天上祝福我们吧！"我冲着沃尔夫冈用"山东英语"喊着，后者把手在耳边收成一个听筒的形态，表示海浪太高海风太急，他什么都没听到。

以我浅薄的航海知识来形容好望角，我会把它叫作"狂风角斗场"，因为这里的暴风特别多。这里地处南纬 34 度 21 分，恰好是副热带高压带和副极地低压带之间，气流流动非常频繁。在南半球，副热带高压带流向副极地低压带的空气，在地转偏向力的作用下，本来会形成西北风，但南纬 34 度的气流偏转较大，这里的风基本上就是西风了。西风横扫整个南纬 34 度线，这条线基本完全落在海洋之中，没有任何山脉可以阻挡，西风有如摧枯拉朽一般凶猛无比。再加上，大西洋的海水从厄加勒斯角拐进南非南端这个海湾后，从好望角流出，水势也迅疾异常。天空和海洋两股力量结合起来，好望角就经常掀起足以杀人的浪头，把这里变成船只的屠戮场，所以好望角的江湖花名又称为"死亡之角"。

这片水域底部沉睡着足有 2000 多艘沉船，1716 年，荷兰一个庞大的舰队在好望角突遇狂风巨浪，如山的海浪吞没了 43 艘战舰，无一人生还。1968 年，一艘超级油轮航经好望角，被一股 20 多米高的涌浪托起船的中部，再一个巨浪劈来，将船一分为二，转眼间沉入海底……这些流传在水手中的故事，足以让任何一个人不寒而栗。

好望角的发现缘于葡萄牙的航海家迪亚士，黄金之国的传说吸引着他向东方扬帆远航。1488 年，这位老兄奉葡萄牙国王之命寻找通往印度的水上通道。他们经由比较熟悉的非洲，要寻找前去亚洲的线路。经过无名岬角的时候，桀骜不驯的狂风巨浪把整个船队打得七荤八素。很多人害怕了，不愿再挑战这样的高难度，而迪亚士力排众议，坚决要求穿过这道岬角,而且他们都写好了遗书,已经把这视为一条不归路。船队在木头被挤压发出的"吱呀"声中,战战兢兢地越过这道岬角,当他们从风暴里缓过劲时,他们已经被抛在一片沙滩上了。感恩戴德的迪亚士就给这个岬角起名为"风暴角"。他们还在这里的崖石上刻下了当时的葡萄牙国王若奥二世的名字,以及象征葡萄牙的盾形纹徽、十字架等,以纪念这一发现。

他们的那次航行没能抵达印度,但发现了这个非洲南端的岬角——它完全可以作为一个航标,让那些在风浪里迷失方向的人找到自己的路。

他结束航程回到国内后,葡萄牙国王亲自为它命名"好望角",意思是,绕过此角就会带来美好的希望。10年后,他的同胞达·伽马沿着他的航道,终于到达印度,满载而归。由此打开了欧洲通往印度和东方的新航线,也开始了欧洲列强对亚洲和非洲的奴役和掠夺。1500年,当迪亚士再次经过这里,向印度进发时,好运气没有再次眷顾,他被好望角的风浪永远地留在了海底。1840年,英国人的舰队就是在好望角加足燃料后,一路开到南海,贴近中国大陆南端的海岸,最终炮击虎门炮台的。

2017年11月18日,中国人翟墨驾驶"日照"号带着被巨浪托起和摔下的记忆穿过好望角!做到了600年前郑和没能做到的事情。而陪伴我的沃尔夫冈夫妇,也正在风浪的另一头兴奋地冲我招手!

▼ 距离伊丽莎白港10海里(约18.5公里)

▲ 非洲最南端厄加勒斯角

◀ 好望角

五星红旗

开普敦距离好望角不过 50 公里行程。我们带着胜利者的骄傲和喜悦一路哼着小调航行到开普敦。天下无不散之筵席，越过好望角之后，沃尔夫冈夫妇就要与我分手了。风浪里消耗了太多东西，我必须在开普敦好好休整一番。"日照"号也被悬吊起来做全面检查。离开开普敦，下一个大站将是巴拿马，中间不会再有更多补给和歇脚的地方，所以出发之前一切必须达到最佳状态。

在开普敦休整的一个多月时间里，我拿着相机左拍拍右拍拍，和港口里那些美国人、澳大利亚人、新西兰人一起玩船、交流，和开普敦当地的画家一起切磋，时光如水般流过，我要把那些美好的回忆和当地的朋友都拍成相片，不能让西风把时间都吹走了。下一次来这里，不知何年何月。

▲ 我眼中的开普敦

2008年1月10日，是我从开普敦出发的日子，前路是茫茫大西洋。在开普敦休整的这段日子里，我得知，3个月前，德国航海家格利茨驾驶一艘特制的仿古芦苇船，从美国纽约的曼哈顿港起航，准备用两个月时间横穿大西洋（后续的消息我没有看到）。另外，14岁的英国男孩迈克尔·佩勒姆也已经驾驶游艇，完成从英国到加勒比海岸的航海之旅，成为历史上独自横跨大西洋的年龄最小的人。

　　这个星球十分之七的表面是海洋，原来这里面帆影如织，原来挑战生命极限的人是这么多，原来我并不孤单。

　　早上6时，我从开普敦的港口出发，风帆鼓起来，在开普敦认识的一大帮朋友——包括沃尔夫冈夫妇都在码头岸上向我挥手，祝我一路顺风。让我惊喜不已的是，在林立的帆船之间穿行的时候，忽然这些帆船都开始鸣笛，"呜——呜——"，那些来自世界各地的朋友们，他们也已经成为我的至交，与我心灵相通。他们用这种方式送我踏上征程。

　　霎时间，我被震撼了，更多的则是感动。并非所有人都是我的朋友，其中很多人与我素不相识。但是他们认得我船尾的国旗，他们知道那是中国的国旗，知道有一个中国人，穿越好望角，战胜杀人浪来到了这里。几个世纪以来，只有西班牙、葡萄牙、荷兰、英国等西方国家的舰队，扬着帆从他们的殖民地好望角经过，去征服东方世界，却从没有中国的帆船绕过好望角，来看看大西洋的模样。

　　如今，他们一定很惊异，这个叫作翟墨的中国人，驾着一艘12米长的二手帆船，束着长发，轻舟已过万重山一般渡过好望角。这笛声是在向我致敬，也是向我的国家致敬。中国人到过这里，也就意味着——中国来了。

　　从我驾驶"日照"号从山东起航时起，我的船上一直都挂着五星红旗。起航前我还带上了50面五星红旗，在环球航行过程中，我悬挂了其中的35面。大海上水和天是蓝的，前面是白帆，旁边是红旗，祖国与我同在，心中感到踏实。每到一个港口，"日照"号总是悬挂着鲜艳的、崭新的五星红旗进港，30多个国家，就是30多面旗帜，每一次，五星红旗出现在外国人眼里，都是崭新的、鲜艳的、飞扬的。

　　这是我们国家的精神，这是我们中国人的精神！

　　2008年1月23日，"日照"号到访了欧洲的枭雄拿破仑长眠的圣赫勒拿岛，这是我航行到大西洋海域停靠的第一站。

我离船登岸，到岛上的海关办理通关手续，漂亮的女海关人员身着便装，看来这座岛的生活的确是随意且舒适的。她们告诉我，我是第一个登岛的中国人。

有一支来自英国的施工队正在这里作业，他们规定，去岛上小镇的时间必须是早上7时前和中午12时后。我说明情况才得以前往小镇。

为什么要去镇上？洗澡！离开开普敦后我就没有洗过澡，身上的湿疹已经无法忍受，衣服上都结出盐块了。在大海中航行，洗澡和排泄恐怕是最艰难的两件事，也是我最难忍受的。

关于拿破仑和圣赫勒拿岛，有这样一段轶闻广为传播：

圣赫勒拿岛上的别墅里，英国派往清朝的使节阿美士德见到了这位曾经震撼整个欧洲的矮个子。

"尊敬的使节先生，听说您马上要去中国了？"矮个子开口说话时，有一种让人无法拒绝的威严感。

"是的，那个东方大国非常野蛮，他们的皇帝认为，他的领土居于世界的中央，四海之内所有的国家都应该去那里膜拜。我想，他们需要更多西方的先进文明，帮助他们走出黑暗。"阿美士德说。

矮个子沉吟了一下，抬起眼睛看着这位使节："我有必要提醒您，不要轻视了中国。"紧接着，他说出了可能是这一生最后的一句名言：

中国是一头睡狮，当它醒来时，全世界将为之震惊！

我到达岛上时，这段对话已经过去了差不多200年。我专程来拜访这位历史名人，就是想告诉他，他的预言已经实现，中国就如同一只醒狮，崛起在东方，并影响着西方的心跳速度。

在拿破仑的墓地，我孤身伫立。这是一位欧洲历史上的英雄，搅动天下风云。他的功过备受争议，但是在那矮小身躯里埋藏的雄心壮志着实名垂青史。墓地前的一个长桌上，放着从2003年到2008年来此地瞻仰拿破仑的游客的留言。我翻看着留言簿，人们用各种语言、各种文字书写着对历史的感悟，以及对这位英雄的缅怀。

不过，我没有看到一个汉字。我拿起笔，在留言簿上用中文写下了这样一句话：

拿破仑，我为您的一句话来了此岛，我这次来，就是要告诉您，中国已经觉醒了！

开普敦游艇码头

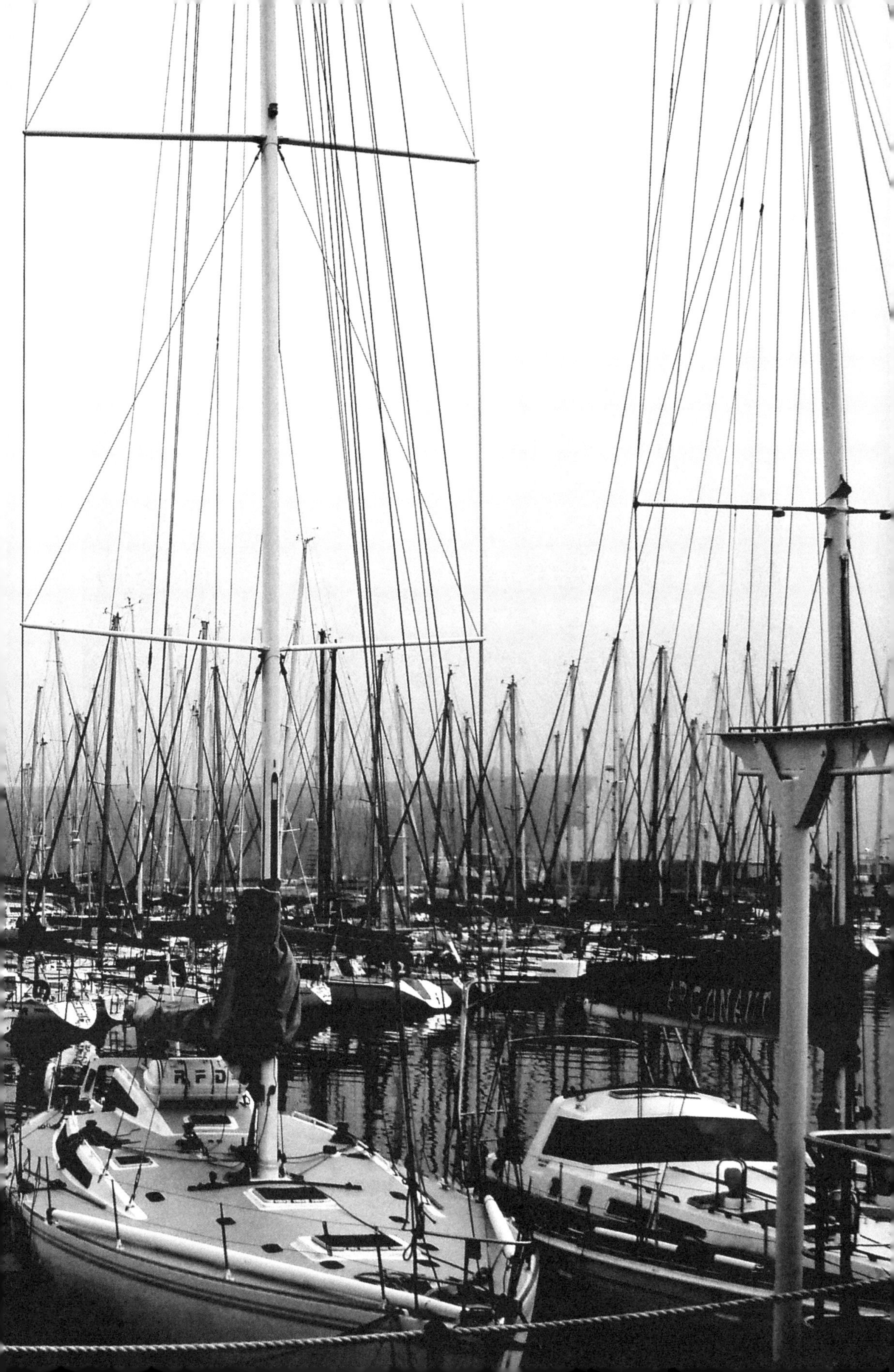
RFD

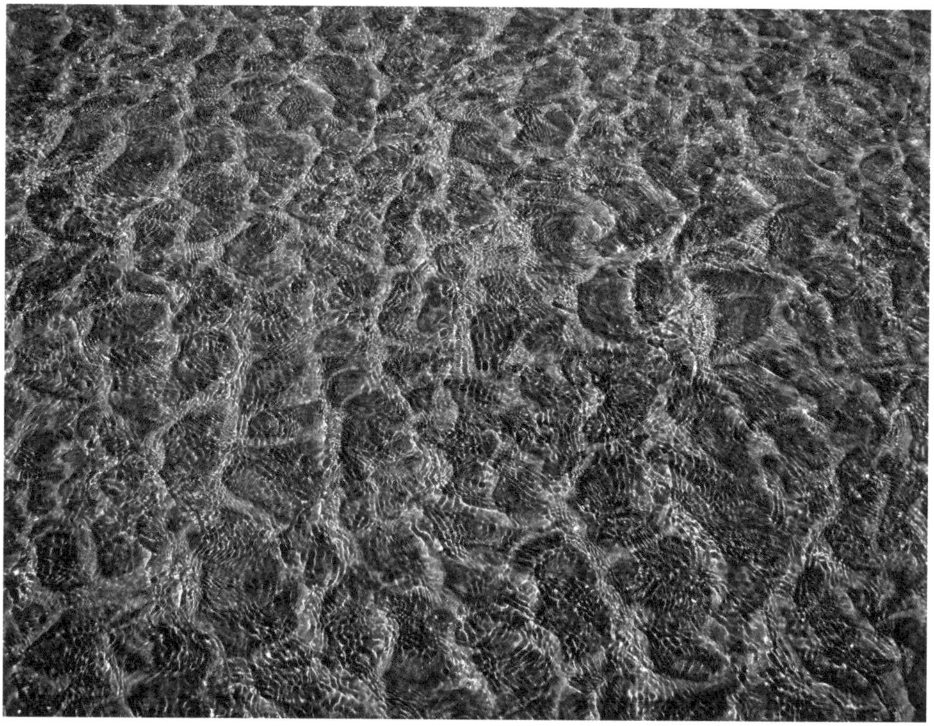

◀ 开普敦的海

▲ 宁静美丽的画面

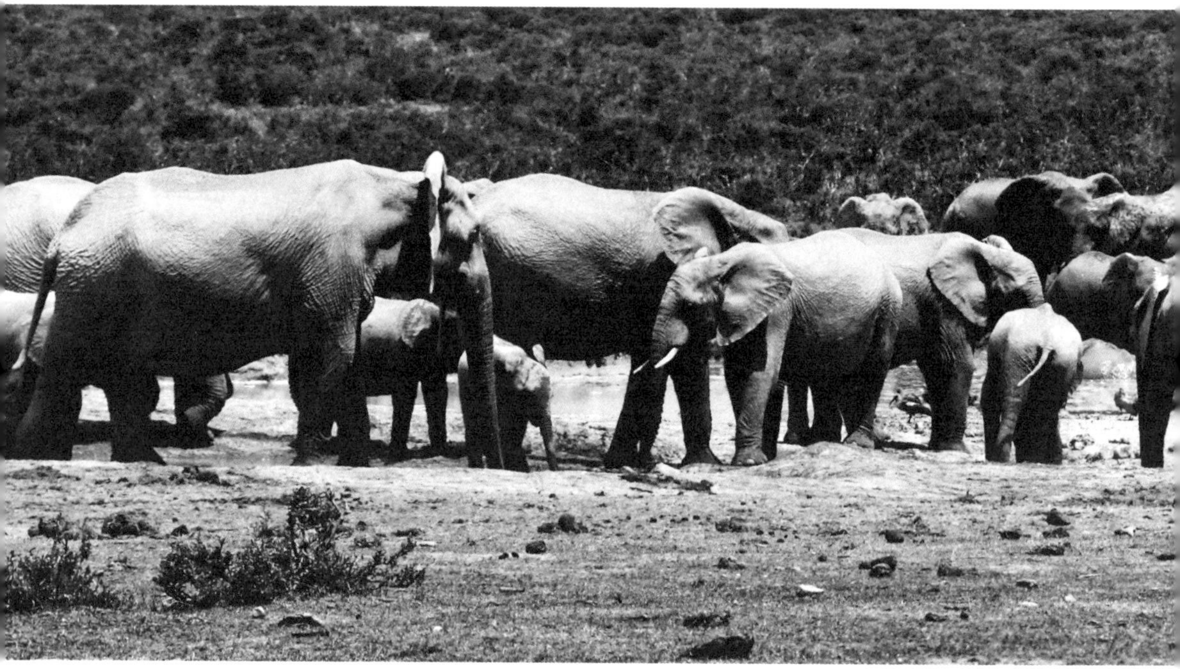

▲ 这是一片自然的土地，吹来的风都是带着野性的

▲ 蓝天、碧海、白沙滩

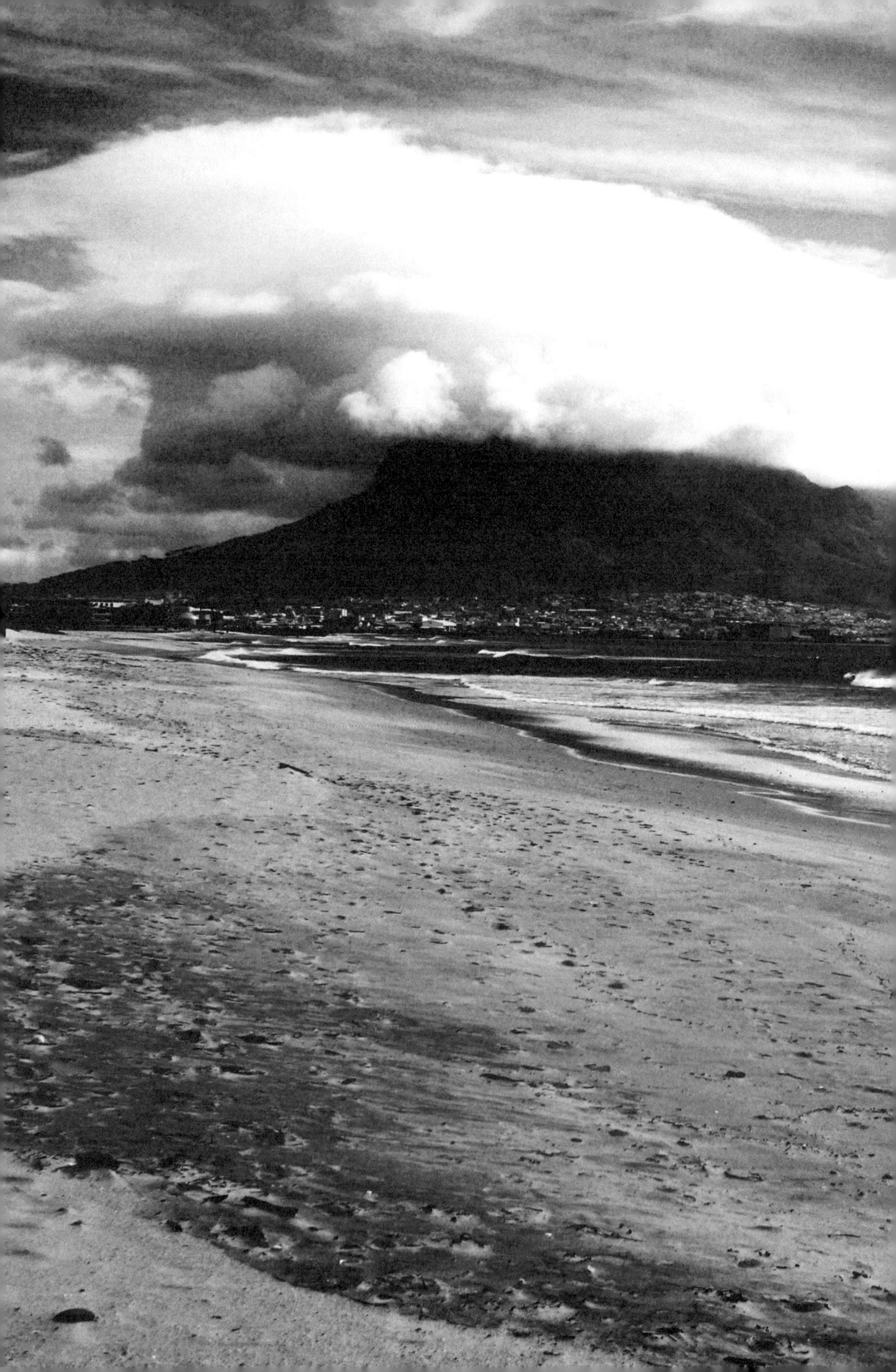

开普敦的桌山,云似桌布

▲ 夜色中的开普敦

▼ 圣赫勒拿岛

▲ 拿破仑墓地的指示牌

▼ 拿破仑的墓地

▲ 环球航海行程中，我的"日照"号经常被这样吊起来维修

从大西洋漂到太平洋

2008年2月6日,大西洋空旷的洋面上,我照常升帆、掌舵、看海图,压根儿忘记了今夕何夕。如果不是几个朋友发来短信拜年,我都不知道那天是除夕。往年这个时候,我总要回家,和亲人们待在一起。可是这一次,我能记得这是出海之后的第几个月第几天,我能记得我经过了多少场什么样的暴风雨,我能记得我跨越了多少条经线多少条纬线,却忘记了以前从不会忘记的节日——春节。

这时,在"日照"号的前方出现了一艘轮船,我估计是从巴西累西腓港出发前往欧洲或西非方向,在此与我交会的。这是我起程穿越大西洋以来见到的第一艘轮船,而这一天又是除夕,我兴奋地站在甲板上对着轮船大喊"春节好",大船没有听见我在喊什么。一个水手转过头来朝我这边瞥了一眼,他可能以为我是一个求救者呢。但他并没有做什么反应,消失在船边上。

可我的兴奋劲儿已经上来了。好好犒赏自己一顿吧!在圣赫勒拿岛我补充了一些给养,这个时候正好派上用场。翻腾一阵,我找出几个还没有发芽的土豆、几个洋葱,还有一些干得差不多的紫包菜,本打算"下血本"好好奢侈享受一把的,没料到还是这几样东西。醋熘土豆丝、紫包菜做成的蔬菜沙拉,再煮上一包方便面,我又翻出小半瓶琅琊台酒,"咕嘟"喝了一口,一直辣到了舌根,好酒!

落日也渐渐在海面上冷却,夜风很快起来,带来南半球的凉意。我穿着短袖,迎着充满夏天气息的海风,托着年夜饭,别有一种惬意。

忽然,远处的海面躁动起来,"哗啦啦"的一阵声响。我一惊,借着灯光一扫,银亮亮不知什么东西长长的一条,分开水面,朝我这边直奔而来。原来这一次,大海送了我一份惊喜——整个航程中最美的一幕呈现在我眼前。这条"银龙"居然是由十几头海豚组成的!它们组队从我的船边穿梭而过,一头接着一头,光滑的皮肤划过光束,没有叫声,只有浪花飞腾。

它们一个个探出头来,长长的嘴巴仿佛面带笑意,然后又钻入水里,露出光滑的脊背,甩出漂亮的尾巴。一个旋转,肚皮看到了;又一个旋转,溅我一身咸腥的海水。这些海豚随性舞蹈,这是一次载歌载舞的演出——

一个孤独的大年夜，却被这群海豚填满了。我把手中的酒瓶高高举起，夜风里我有些醉了，这可是犯了航海大忌，可是我在那个时刻就愿意这么醉着！

2月22日，我登上了加勒比海南岸的法属圭亚那。这片法国属地也是在国际新闻当中经常会看到的航天发射中心。

在法属圭亚那库鲁航天发射中心这个世界航天重镇，静立着一座中国同胞的墓碑，墓碑上写着"张通"——一位为国际航天事业献出生命的中国航天人。

张通先生1935年出生于河北，曾留学苏联，成为新中国航天工业第一代专家中的一员，担任了中国长城工业总公司总裁。为促进中法两国在航天领域的合作，张通在1997年应邀赴法属圭亚那访问，访问期间却遭遇意外，不幸遇难。

在时任法国驻华大使毛磊先生的倡议下，法国国家航天研究中心决定在张通殉职的地方立碑纪念，并用他的名字命名了库鲁航天发射中心的一个重要会议厅。

我点燃了一支烟，放到张通先生的墓碑前，默默祈祷。

3月8日，中国的"半边天"们应该在过节了，而我正独自执着绳索，努力把帆船带过哥伦比亚加利纳斯角。由于受到一股加勒比海逆流冲击，洋流速度降了下来，船速随之减慢，这让我烦躁不安起来。幸好，一群可爱的海豚围绕在我的船边冲淡了我的紧张感。它们的队伍一直保持着十几头的数量，每次大约"陪游"两小时，然后非常准时地离开。有时，我还可以抚摸到它们光滑的脊背。三天来，这群海豚一直陪着我，不知道是不是想做我的保镖。

在这群"保镖"的簇拥下，我接近了哥伦比亚。大海永远都是这么美丽，即便是在发怒嘶吼之时，也有一种残酷之美。晚上10点，"日照"号已经航行到圣玛尔塔和巴兰基亚之间，天气骤变，不知从哪里冒出来的大风，最高达到40多节（相当于8~9级风力），海浪也急促起来。我已经看得到岸边的灯塔，可怎么也无法靠近。黄黑色的海水激荡起来，大浪打在礁石上激起十几米高的浪柱，耳边只有猎猎风声。我不想在一片漆黑中冒险靠岸，看着海图，立刻掉转船头，往巴拿马方向航行。

2008年3月21日，新华网刊发了一条消息：

▲ 法属圭亚那岛上张通墓碑，上面用中法两种文字写着："立此碑以纪念1997年3月18日因公殉职的中法空间合作缔造者张通先生"

中国航海第一人翟墨驾单人无动力帆船抵达巴拿马

被誉为"中国航海第一人"的画家、航海探险者翟墨驾驶单人无动力帆船于上周日抵达巴拿马港口科隆,并等待巴拿马运河的通行许可。中国驻巴拿马贸易发展办事处官员、旅居巴拿马的华侨华人和中资公司代表19日举行了欢迎晚宴,分享翟墨惊险、刺激的航海经历。

翟墨向新华社记者介绍说,这是他第一次单人驾驶无动力帆船进行环球航海,既是为自己日后的挑战极限做准备,也是协助中央电视台《文明之路·世界文明环球纪行》电视行动的海上小组完成环球航海和拍摄。

"目前等待过河(巴拿马运河)的船只非常多,我们正在与运河管理局方面交涉尽快安排翟墨通行。"中远巴拿马公司副总经理吕欣在欢迎晚宴上致辞时介绍了这一情况,并赞扬了翟墨此次环球航行的"大无畏精神"。

这篇文章一经新华网登出,国内数十家媒体纷纷转载。我开始环球航海以来,引起国内媒体大范围报道还是第一次。

稍事休整之后,我开始准备过巴拿马运河。巴拿马运河是一条重要的国际航运水道,也是地理意义上南北美洲的分界线。它的通航使太平洋和大西洋之间的航程缩短了10000多公里,是两大洋之间的一条捷径,也被誉为一项世界工程奇迹。

不过,这样一个"捷径"和"奇迹",对于我这样没有动力的帆船来说,也是一件费工夫的事情——需要航行9个小时。我把船开过去才发现,运河当中居然有这么多船,队伍浩浩荡荡,真不知道要排到几点钟去了。

3月21日晚上7点,在中远(中国远洋海运集团)巴拿马公司的安排下,我开始从科隆一侧驶入运河。第二天中午,"日照"号从巴拿马百年大桥下面穿过,之后又经过了美洲大桥(又称巴拿马运河大桥)。至此,就算通过了巴拿马运河,进入了太平洋。世界上有两大沟通大洋的运河(巴拿马运河与苏伊士运河),其中有一条已经留下了我翟墨的船痕!

进入太平洋的时候,我把船尾的五星红旗拿下来,高高举起。我实在太兴奋了,眼前一片辽阔,这是我所熟悉的大洋。从我自日照出发到现在重新回到太平洋,已经有1年3个月的时间过去了,我独自穿越了印度洋和大西洋,累计航程17000多海里(约31500公里)。从现在起,我要准备回家了!

▲ 我在巴拿马运河为《文明之路》进行采访。我能进行环球航海，与央视《文明之路》栏目组的支持分不开

▶ 2008年3月9日，我把船泊在哥伦比亚卡塔赫纳港，我的背后，是当年关押黑奴的水牢

▶ 卡塔赫纳街头，夸张的雕像让人想起南美人充满激情的个性

▼ 过巴拿马运河时，从入闸口就伴随在"日照"号旁边的是一艘双体帆船，船上4个大人和3个孩子都很友好。晚上他们做好了晚餐，让小女儿拿来一大碗食物送给我，我泡好了方便面，也给他们端过去。没有太多寒暄，一切是那么的随意、自在、纯粹

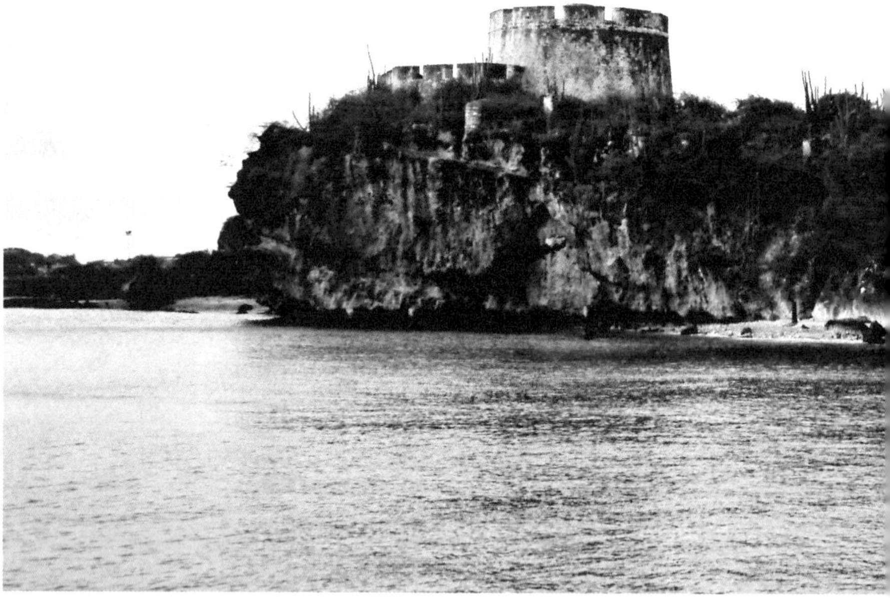

▲ 加勒比海上属于荷兰的怡人小岛

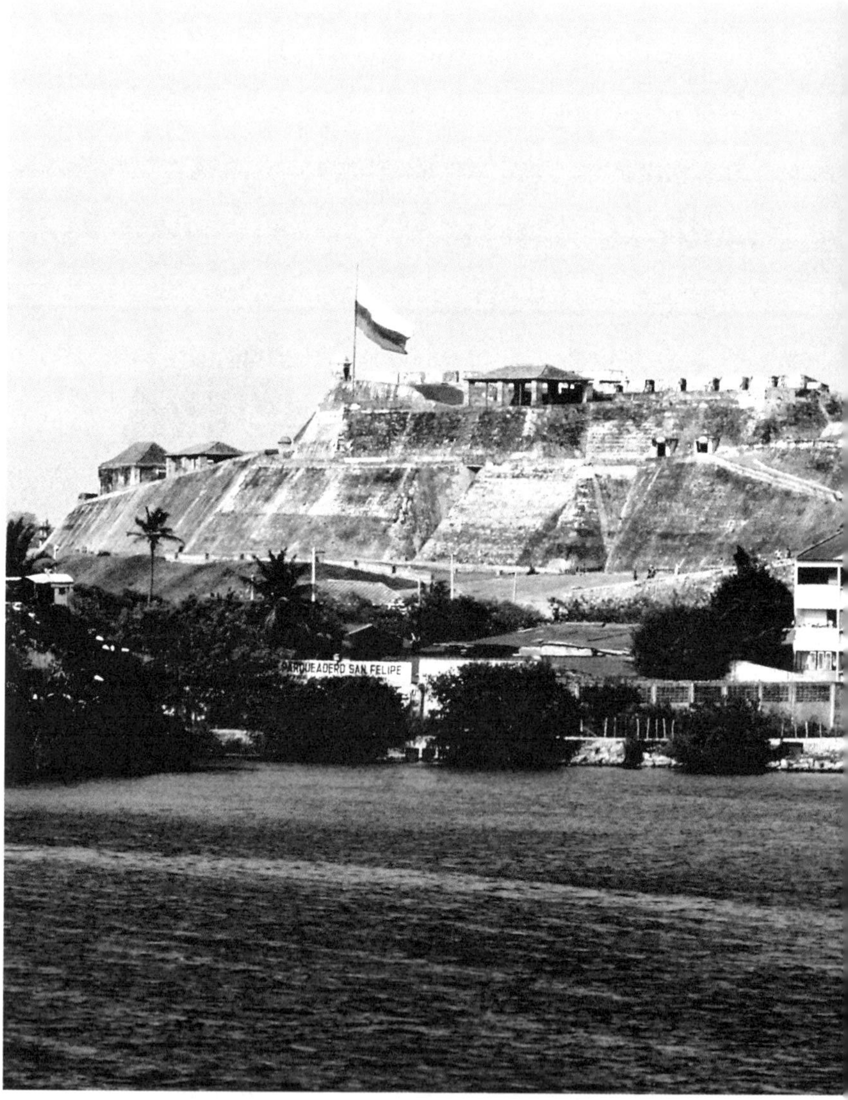
PARQUEADERO SAN FELIPE

◀ 哥伦比亚卡塔赫纳

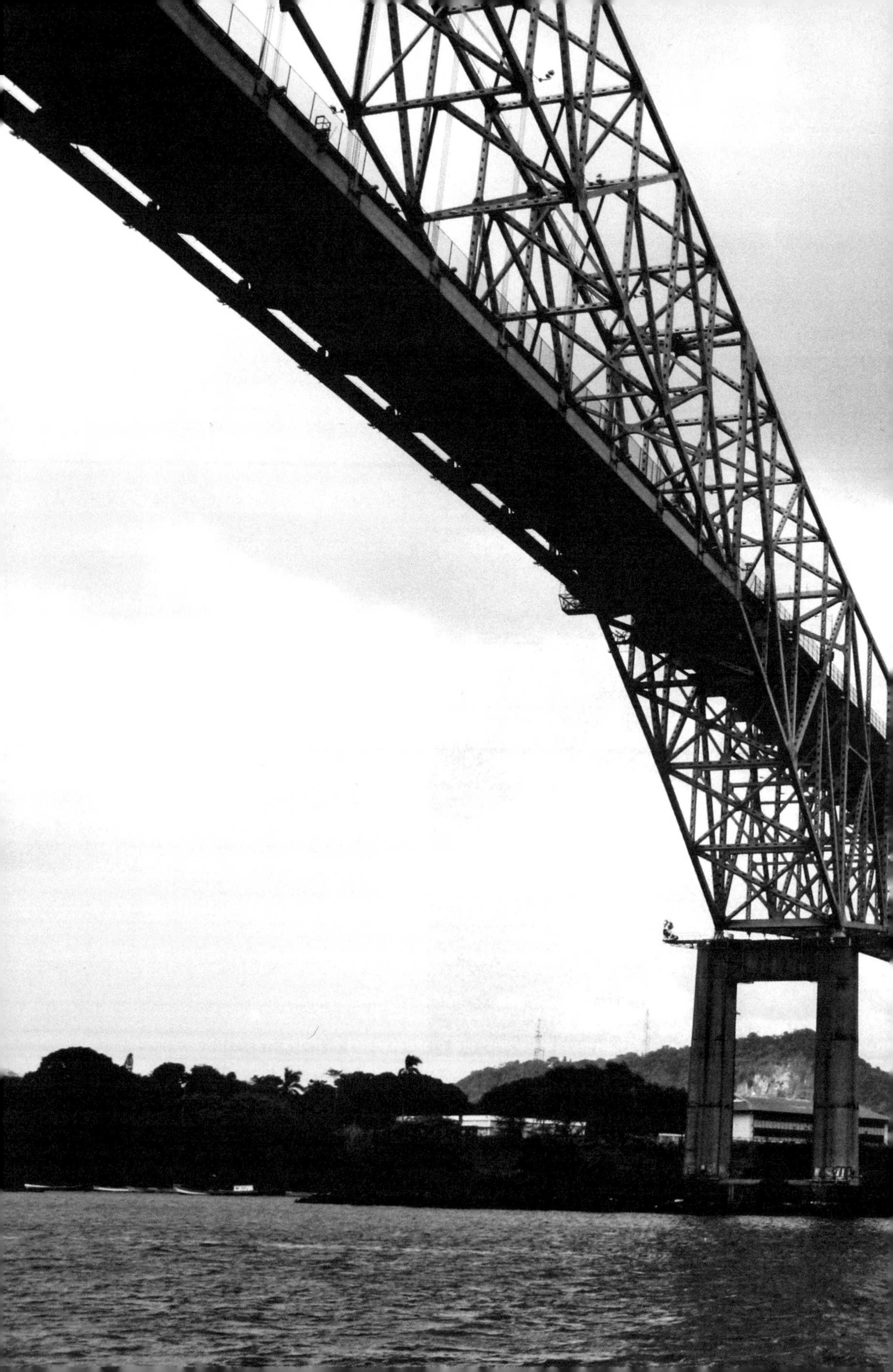

巴拿马运河被誉为世界七大工程奇迹之一

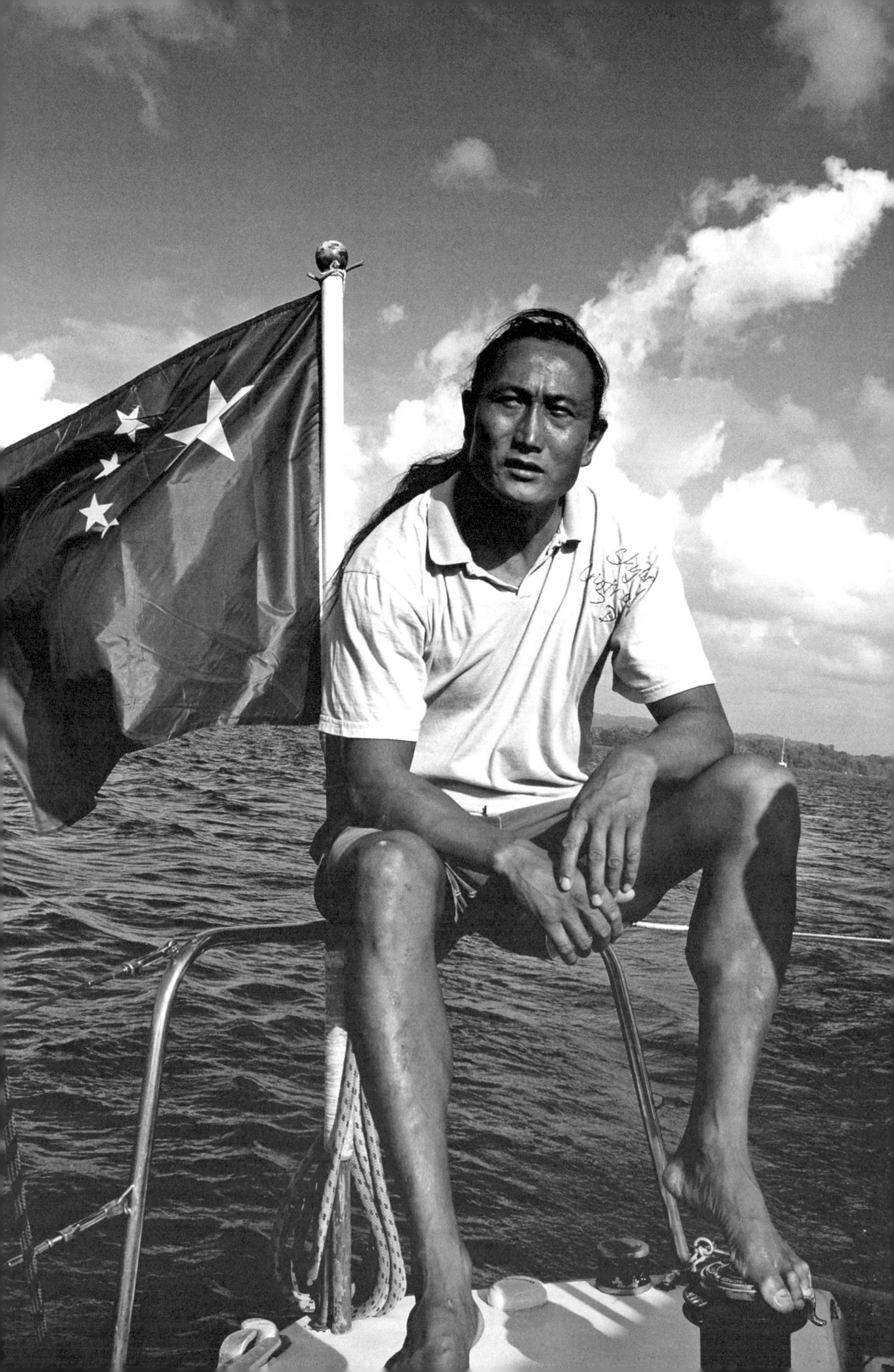

◀ 我和"日照"号在巴拿马运河上

▲ 巴拿马运河的水闸

▶ 巴拿马运河位于北纬9度，北美大陆分水岭在该处剧降至其最低点之一。我的"日照"号在货轮前显得那么的袖珍

温情夏威夷

2008年4月15日，经过在墨西哥沿海的短暂休整，我做好了准备，开始横渡太平洋的旅程。我驾驶着"日照"号离开墨西哥著名港口城市阿卡普尔科，直奔太平洋中心的美国夏威夷。

早在3月份，国内就有朋友张罗着要为我在夏威夷办一次画展。然而，就在我抵达夏威夷之前4天，2008年5月12日，四川汶川发生了8级大地震。得知这个消息，我迅速决定，要在夏威夷办一场画展，然后把卖画所得全部捐给地震灾区，以尽我绵薄之力。

当得知我是一位孤旅重洋的航海家时，夏威夷海关的工作人员善心大发，露出了满脸热情的笑容。他大印一戳，给我批了半年的签证——这是中国人到夏威夷的"最高待遇"了，而且还免掉了所有签证费用！

很快，我的画展开始在檀香山（火奴鲁鲁）的夏威夷州州政府大厅举办。看到展览海报悬挂起来的时候，我心里还有一点激动——这是我第一次在美国的国土上展示自己的艺术作品。十几年前，我曾经有机会来美国举办展览，却因为被拒签未能成行。十几年后，我和我的作品终于登上了这片土地。

在夏威夷展出的这些画，都是我在航海过程中创作的。抵达夏威夷后，我又随性画了几幅，全部都是与大海、航行和旅途见闻相关的。在船上，这些画陪我度过了无数个寂寞的日夜，我时常会端详它们，灵感来了就会拿起笔动两笔。

画展结束后，我把卖画所得全部捐献给了红十字会，并由美国红十字会转交中国红十字会。夏威夷的主要华文媒体《世界日报》5月23日刊登了标题为"翟墨办画展义卖作品捐灾"的报道。随后，这篇文章又引来了许多媒体采访。我在夏威夷一下子成了名人，许多华侨慕名来找我，约我吃饭、参加活动的电话此起彼伏。有很多人在夏威夷住了几十年相互不认识，甚至都不知道对方的存在，但因为我的到来，他们第一次见面、第一次聚在一起吃饭。

在这里，有太多热情的朋友可以结识，我就认识了这么一家子，他们全都是冲浪高手，是夏威夷的波利尼西亚人。在这一家里面，父亲是冲浪运动员，很有名，现在年龄大了，他就在这里当冲浪教练，他有5个孩子，都是冲浪的优秀选手，其中3个获得过世界冠军。

我虽然航海这么长时间，但还不太会冲浪。这两项运动都在海洋中开展，可是互不搭界。看着夏威夷海岸那一波又一波翻卷的浪花，我产生了挑战的欲望，于是，我请这一家人教我冲浪。我似乎天生与海有缘，第一次顺着浪头冲刺，就在浪里站起来了。那位父亲说："你应该去感受浪花的冲击，你会知道大海心情如何！"

夏威夷有许多华人，其中不少老一辈都来头不小，随便遇到一个年轻华人，他的父亲或者祖父可能就是中国近现代史上的风云人物。

在一次华侨聚会上，一位年逾古稀的老太太出现在人群当中。尽管她年事已高，但是精神矍铄、风度翩翩，在场许多人对她都非常尊敬，热情地上去和她打招呼、问安。在场的朋友告诉我，她就是孙穗芳——孙中山先生的孙女。闻听此言，我诧异地张大了嘴巴，小时候只是在历史课本中认识的人物，如今作为一段活的历史呈现在了我面前。

我走过去，和孙穗芳女士打招呼，自我介绍说，我叫翟墨，自驾一艘帆船从中国大陆来到夏威夷。她眼前一亮："好了不起的事迹！我活了70多岁了，第一次看到有中国人驾着帆船来美国呢！"

也许是继承了爷爷的气质，孙穗芳讲话做事也是掷地有声、雷厉风行。她个子很小，但声音很大，说起话来铿锵有力。而且，她也爱好美术，得知我还是个画家，她就更吃惊了，于是与我聊起文化艺术方面的东西，从传统文化里的诗词典籍，到中西方艺术风格的对比，她聊得非常起劲儿。

之后，孙穗芳女士还热情地带我去逛了檀香山的唐人街，还热情介绍她的朋友们给我认识，听我意气风发地讲航海的经历。唐人街上有她为祖父孙中山先生建立的塑像，我主动和她在塑像前面合影，她就像个孩子一样高兴。2011年就要到辛亥革命100周年了，我们之间的话题就不由自主地转向了孙中山先生。说起祖父的思想，孙穗芳的语气铿锵有力："中国固有的文化道德是忠孝仁爱、信义和平；中国固有的政治哲学，格物、致知、诚意、正心、修身、齐家、治国、平天下；而忠孝仁爱、信义和平才是国父孙中山先生的思想精粹。"兴致高涨的时候，孙女士拿出亲笔写的一幅字——"博爱"并与我共同合影留念。

我在夏威夷的几个月里，常常拜访孙穗芳女士，或是各种场合与她碰

▲ 当时随手拍摄纽约时报广场的时候我没有想到，自己会在两年后登上这里的大屏幕

▶ 我曾被美国签证官拒签，2008年5月，我驾船到夏威夷停留时，特意和朋友来到纽约一游

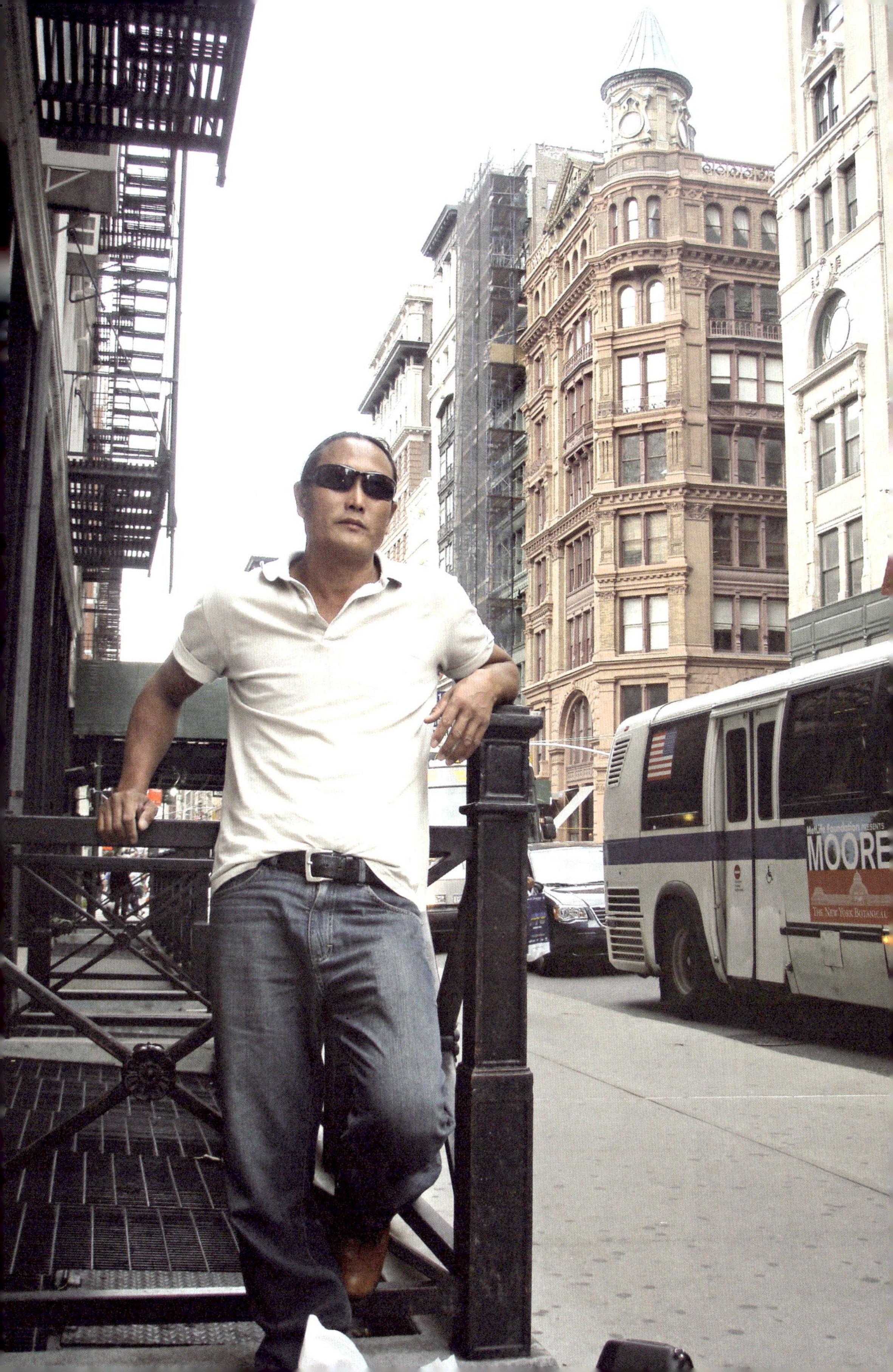
MetLife Foundation PRESENTS
MOORE
THE NEW YORK BOTANICAL

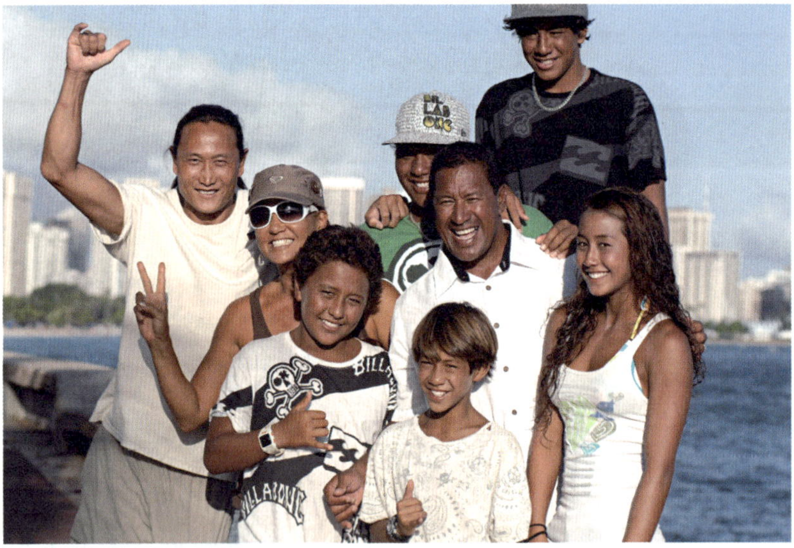

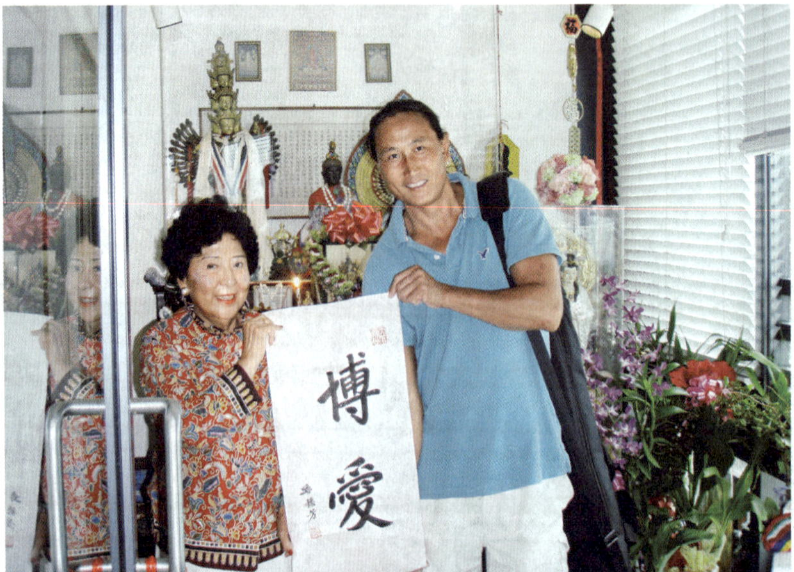
博愛

面，对她的了解也越来越深入。她 1936 年生于上海，1967 年移居夏威夷。担任了孙中山和平教育基金会主席、夏威夷中国妇女慈善会会长、美国夏威夷太平洋大学校董和中山大学香港校友会名誉会长，并荣获斯里兰卡锡兰国际大学荣誉博士。为了宣传孙中山的思想，她在世界各地进行演讲，并在深圳创办了孙逸仙心血管病医院。按理说，年逾古稀的她完全可以颐养天年了，但是，一种强大的精神力量支撑着她走遍全世界，弘扬祖父的精神，她让我敬佩不已。从孙穗芳女士身上，我感受到了华人那种与祖国无法割舍的情怀。

因为各种原因，我在夏威夷停留了 5 个多月，是我此行待得最久的地方。终于到了要离开的时候，夏威夷当地政界、侨界、游艇俱乐部会员及各方朋友为我举行了欢送聚会。我的起航日期原定在 10 月 26 日上午，可是，当天无风而且下大雨，起航时间只能推迟。28 日又由于台风太大只能作罢。就这样，一直到 11 月 2 日，我才得以扬帆出发。

送行现场，有几位侨胞朋友当场落了泪，他们带我去参加聚会的时候像自家兄弟一样把我介绍给别人。就像是自己的兄弟远道而来串门一样，就这样要离开了，我也觉得鼻子发酸。

在檀香山港口，人们一直站在岸上凝望着我离开。

再见了，亲爱的夏威夷华侨朋友们！

再见了，孙穗芳女士！

再见了，夏威夷！

▲ 我和冲浪一家人

◀ 我和孙中山孙女孙穗芳女士

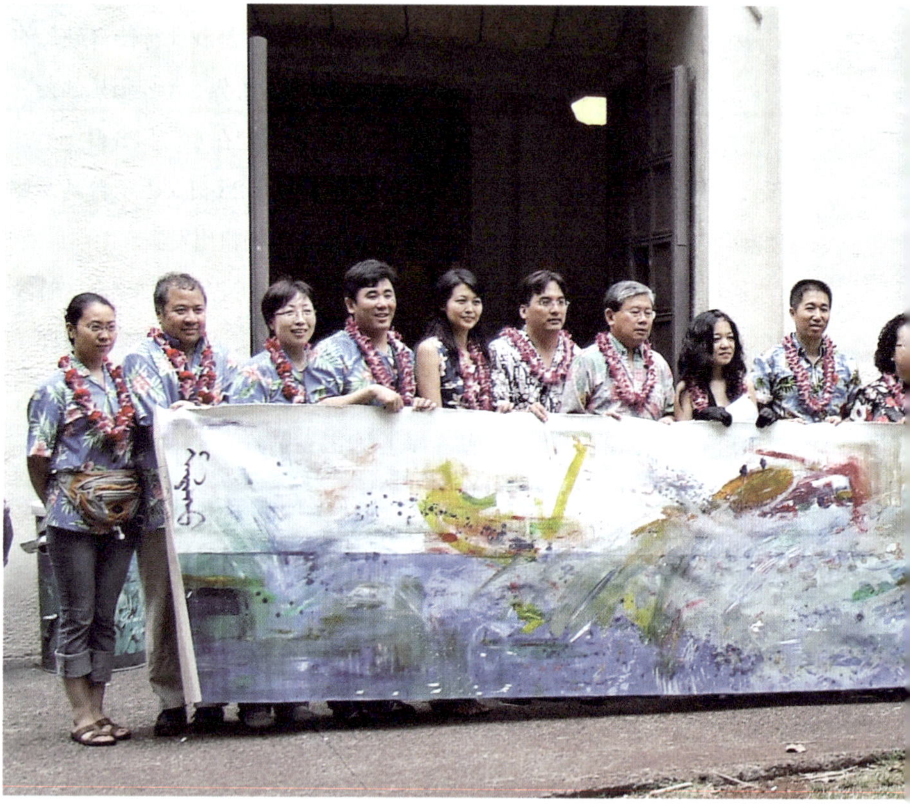

▲ 2008年5月,我在夏威夷举办赈灾画展,为四川地震灾区募捐

我在地球上画了一个完整的圈

2008年11月27日，正航行在太平洋上的我经过了地球上最深的地方——马里亚纳海沟（深达11034米）。从日照起航至今，差不多两年的时间过去了，众多不求回报的朋友一直用最热忱的目光注视着我，给我无穷的力量，也给予我很多帮助。

这一天正逢西方人的感恩节，太平洋上的我无以为报，只能用一篇短短的文字寄托我对大家的感恩之情。

各位朋友，大家好！我是翟墨。

再过几天，我和我的"日照"号将驶抵马里亚纳群岛，驶抵关岛，驶抵地球上海洋最深的地方。谨借感恩节之际，向所有关注、支持和帮助我去实现环球航海梦想的朋友表达我真诚的谢意。环球航海充满挑战与艰辛，正是在朋友们的支持和无私帮助下我才航行到这里。感谢我的祖国同胞，感谢菲律宾、印度尼西亚、塞舌尔、南非、巴西、法属圭亚那、委内瑞拉、哥伦比亚、夏威夷、关岛的华人华侨，感谢国外的航海朋友们。

愿我们一生一世成为好朋友。

翟　墨
2008年11月　于太平洋上

我将这封短信发给一直默默帮我打理微博的老友佟晓舟，请他将这条短信发到我的微博上。

这些年，经过了一个又一个港口，结识了一群又一群朋友，我得到过数不清的帮助，他们都是在不图任何回报地帮助我。这些朋友给我的财富，是一种境界。古代人讲"悟"，其实悟的就是一个德。此时此刻，在马里亚纳海沟——地球的最深处，虽然我环球航海还没有抵达终点，但我感觉自己已经非常成功了。成功，取决于沿途这么多人，这么多朋友，不管是来自何方，都无私地帮助我！

翟墨是一个人在环球航海，但在这条船上，却承载了太多太多的关心和帮助！

当抵达菲律宾棉兰老岛东北端的港口城市苏里高时,我已经回到了和出发点日照同样的经度上——也就是说,我已经绕地球走完了一圈,完成了自己的环球航行!

2008年12月14日,好友安文彬传来消息:"按照'跨越所有经度就算环球航海'的界定,现在你的行程事实上已经完成了环球航海。12月15日下午,山东省日照市准备在北京梅地亚中心举行'日照'号环球航海成功归航新闻发布会。"

我终于用帆船在地球上画了一个完整的圈。我轻轻抚摸着"日照"号这个老伙计,两年相处下来,我们彼此已经非常熟悉。我想起了和它相处的点点滴滴。

还记得大风大浪中,"日照"号倾斜到几乎垂直于海面,却始终坚持着没有翻覆。它用结实的躯体抵抗着惊涛骇浪的冲击,给我提供了一片海中的孤岛。

还记得无数个夜晚,我用缆绳把脚和舵绑在一起,就这样保持着"日照"号的航向,我昏昏沉沉睡去,又一次次被舵的转动惊醒。"日照"号像一个老朋友,动动我的腿,告诉我前方有船,赶紧转舵!

还记得有好几次,狂风暴雨把风帆撕成碎片,打断舵的联动轴,老伙计一声不吭,载着我逃离险境……

还记得海上孤独的时候,我甚至与船在对话,只有它是陪在身边唯一的朋友,驱散我的寂寞和孤独。

看着"日照"号几个字,我还会想起那座滨海的美丽城市,想起此时已经是日照市委书记的杨军,想起出发之前的种种艰难、愁苦与喜悦,心中五味杂陈。

终于,这一站站都走过了,一根根经线变成了写在大海上的历史,缀连在一起,成为我环球航行的标记。

古老船队的风帆落下太久,人们已经忘记了大海的模样。六百年后,他眺望先辈的方向,直挂云帆,向西方出发,从东方归航。他不想征服,他只是要达成梦想。一个人,一张帆,他比我们走得都远!

2010年2月11日,我参加央视《感动中国》节目颁奖晚会,被评

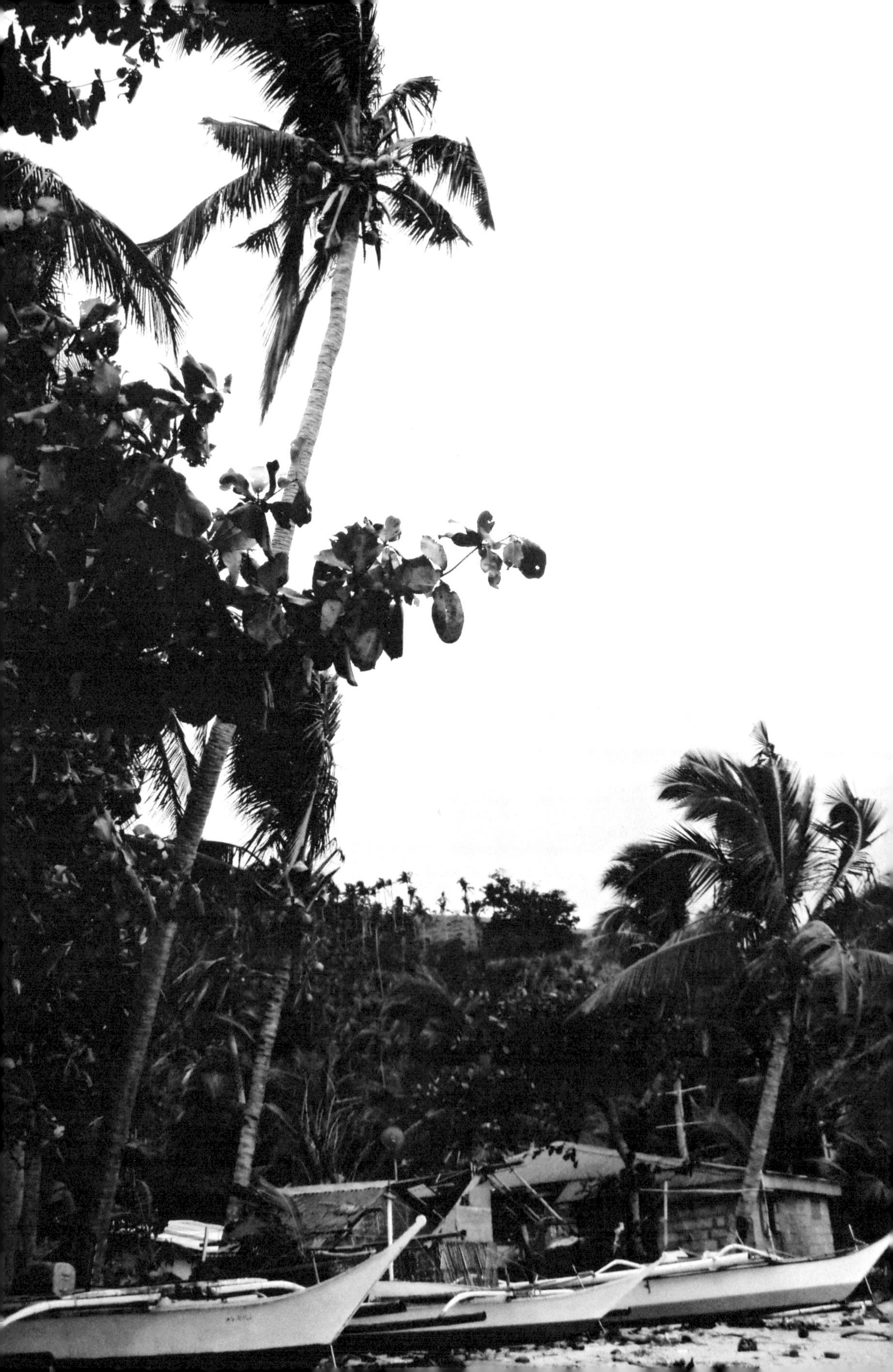

为 2009 年度感动中国人物，这一段是给我的颁奖词。

坐在演播大厅正中央，对面是敬一丹，主持人是白岩松，面前上千观众，电视机前上亿双眼睛。我知道，这是为我的环球航行做一个小结的时候。在结束了 35000 海里（约 65000 公里）的航程之后，航海对我而言，意味着什么？

我是一个身上布满伤痕的人，伤痕是男人的勋章，是勇敢的表现。

我是看见星星最多的人。900 个夜晚，我很多时候就躺在甲板上仰望星空，看它们亮起又暗下，看流星飞过天际。

我是做出许多痛苦抉择的人。为了航海，我失去了好几段真挚的情感，放弃了人生中许多安逸闲适的机会。但是，现在的我是一个异常幸福和快乐的人。

人生是什么？

是不是抵达终点时的鲜花、掌声、荣誉和总结？如果那是人生，我还没有靠岸。

是不是行走过程中的狂风、巨浪、涛声和夕阳？如果那是人生，那我正在其中。

曾经一起航行的朋友说，在航行中，对死亡的恐惧是非常大的压力，而我们只能战胜恐惧本身。

人们总是喜欢用征服、战胜之类的词来形容航海活动，但是，只有真正到了海里，才会发现自己是多么渺小。在大自然的力量面前，人类简直是不堪一击的。据说世间的生灵都是从海洋来的，那么海洋也应当是我的归宿。只是，我不甘愿在这一刻被大海吞没，只要理想的风帆还没有降下来，我就会坚信任何一个生的希望。

数千年来，中国人对于海洋的认知，何尝不是像曾经的我那样，一直

◀ 2008 年 12 月中旬到 2009 年 2 月初，我一直停留在菲律宾。一年多以前来这里是为了赶路，匆匆忙忙，所以我打算借养病的机会在这里多停留几天，好好看看这个岛国

停留在想象当中?

中原的上古传说里就有海洋。古人看看天，又看看地，再看看海，想象出"天圆地方"的世界，一只大海龟驮着九州浮沉于大海之上，海是包围、是藩篱，是阻隔万物的天然屏障，所以人们想象着海上有仙山、海外有仙境。

《山海经》可能是最早记叙海洋的典籍。有一则故事叫精卫填海，我小时候听别人说起，非常佩服精卫的勇气，但是真正看到海洋，我便傻眼了。

中国人的海洋，原来是那么的辽阔。

中国人不乏直指海外的远航。传说秦始皇曾经派徐福出海寻仙，如果确有其事，那肯定也是从山东出发的。但是徐福究竟找到了什么，他出海后又做了什么，并没有人知道。

后来，中原王朝也曾有过几段与海洋有关的历史。唐代，鉴真和尚东渡，掀开扶桑文明一角，与海对面的日本列岛通过海洋的联结有了更多的接触。在宋朝，我国就已造出可以扬帆远航的大船，南宋时代更是有了发达的海上贸易，海上丝绸之路声名远播。到了南宋末年，末代皇帝的小朝廷被北方的铁蹄逼得没有办法，只能出海避难，最终死在海上。到了元朝，中国已拥有了世界最大的港口城市泉州。明朝，"三宝太监"郑和执掌巨大的宝船扬帆出海，这是古代中国对于海洋最后的浪漫。经历了长期的闭关锁国、寸板不得下海的时代，等到近代的迷雾散开，西方列强的坚船利炮从浓雾之中显现，海洋已经成为杀戮机器的传送带，两种文明在近代交界的缝隙处格斗，胜利的一方长驱直入，攻城略地，失败的一方沉入黑暗，百年苍茫。

中国人的海洋，原来又是这么的寂寞。

近代以来，海洋对于中国人逐渐有了不同的意义。魏源在《海国图志》中提供了80幅全新的世界各国地图，又以66卷的巨大篇幅，详叙各国历史地理。海洋是一扇窗口，长辫子的中国人向世界投去怯生生的目光，发现了比《西游记》更加光怪陆离的现代世界。《镜花缘》是一部令人称奇的作品，好像英国的《格列佛游记》一般，海洋连通了不同的国家。更多人选择出海留洋去改变生命轨迹，寻找救国良方，或东瀛，或南洋，或西欧，海洋掀起文明的潮流，在飞机发明之前，流行的一句话是"谁控制了海洋，谁就控制了世界"。

中国人置身辽阔而寂寞的海洋之中有些茫然，以海洋为对象的远行和探险远没有到开展的时候，但几千年浪打礁石，中国 32000 余公里海岸线无尽绵延，我们与海洋的关系也越来越紧密。

现在中国人正在做着一个"大国梦"，并努力实现着这个"大国梦"，那么海洋必然是这个梦中的一部分，也必然是这个身份的一个标签。地球表面有 70% 以上被海洋占据，陆地面积只占了不到三成，即使我们的足迹已经踏遍陆地上任何一个角落，但却不曾凭着舵与桨划开波浪探索大海，那我们也不过探索了不到三分之一的地球，算不得真正的英雄。

真的王者，必将穿行海上，把陆地以外那七成多的路程走完，才能修成正果。无论对个人，还是对一个民族、一个国家，这种挑战极为艰难，但有巨大的成就感，它也许就是一个国家兴盛强大的标志，也许就是一个个人坚强勇敢的象征。

我深深为自己是 21 世纪初走向大洋、走向世界的中国人而感到自豪。源远流长的历史和激越昂扬的今天让我相信，只有中国人才能承受那样巨大的压力和痛苦的折磨，实现自己的理想。那份坚定和执着，不仅刻在我自己的生命中，更深深烙印在遍布世界各地的华人身上。

◀ 菲律宾岛民

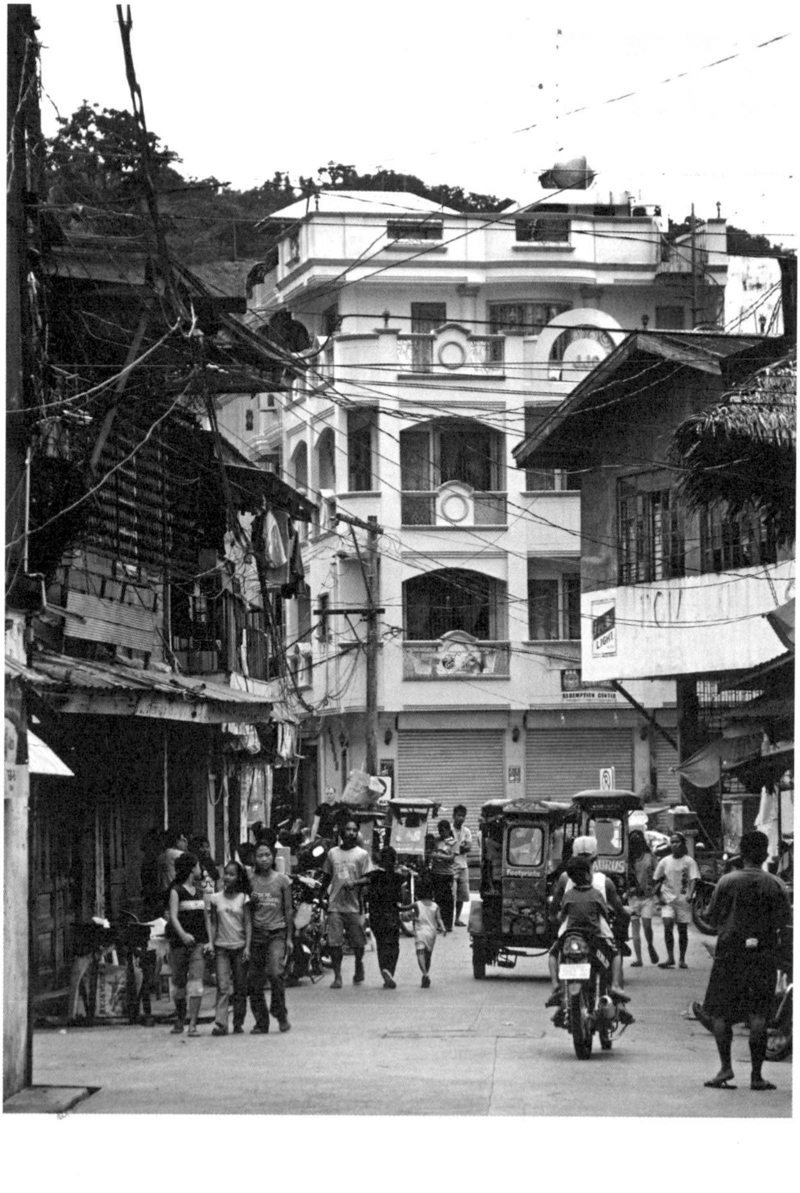

▲ 对于航海者而言，来到一个这样的地方，其实有些不安。我既担心病情加重，又害怕被海盗盯上。离家已经这么近，我不想在这个节骨眼上出事。我打电话给北京的朋友，如果5天以后我没有和他们联系，没有传回康复的消息，就向菲律宾政府求援，请他们派遣直升机来救我

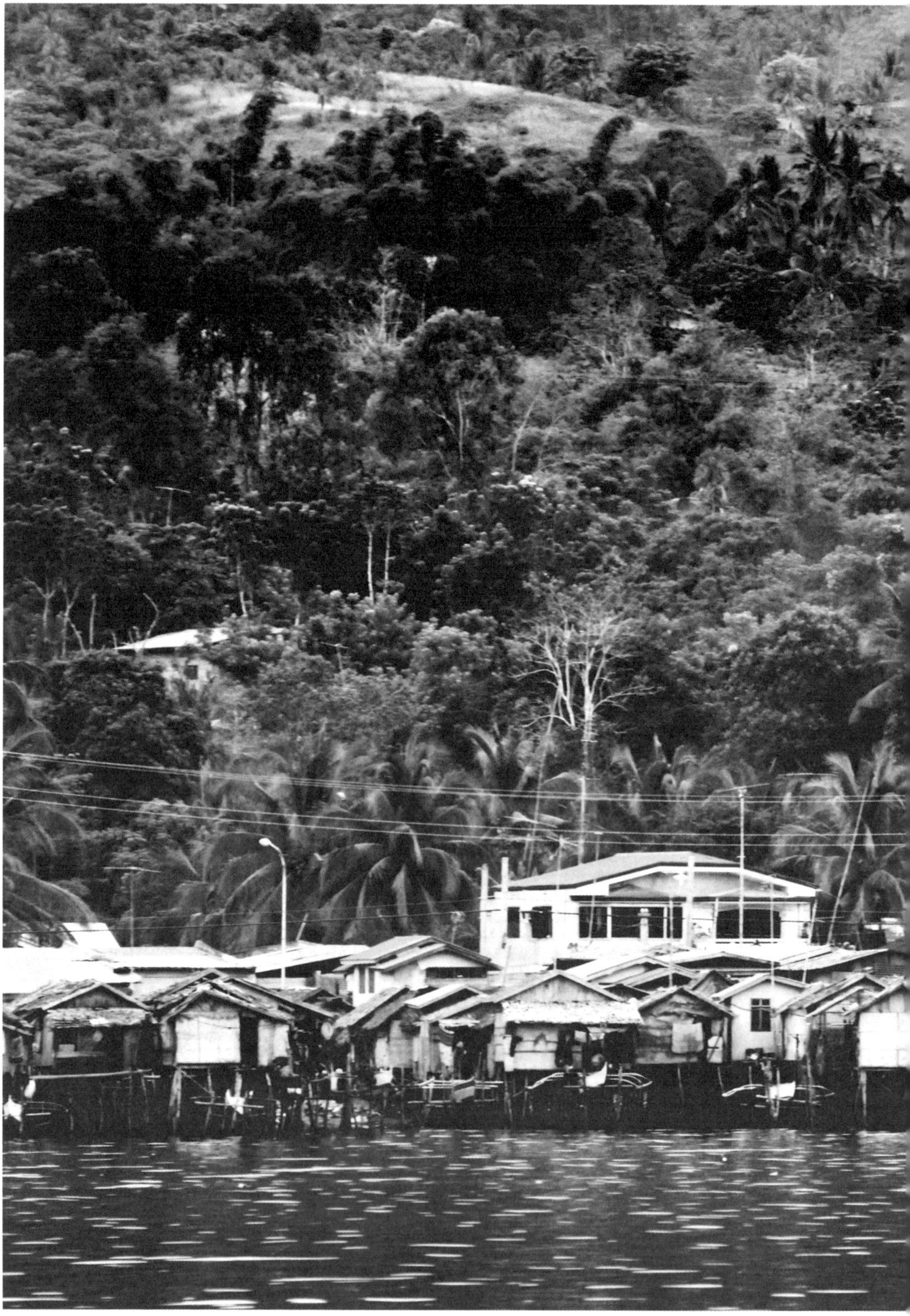

▲ 菲律宾渔村

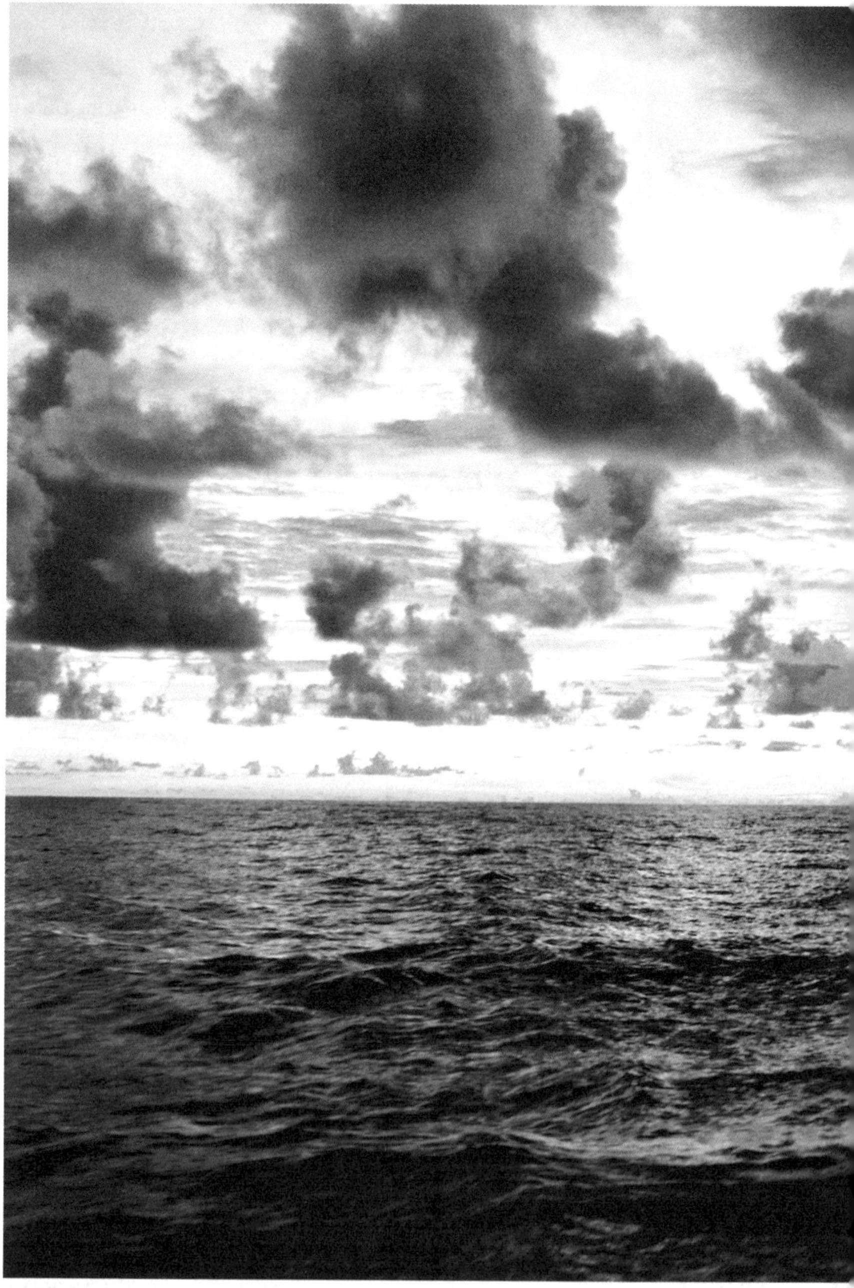

▲ 那么辽阔的寂寞

"不是出海,而是回家!"

III 2019

嘿！兄弟，升帆！

我们与大海真正的距离，取决于我们的心和大海离得有多远。所有的生命都源于大海，大海也汇聚百川、包容万物。我们航海，在某种意义上来讲，不是"出海"，而是"回家"。

今天我们所处的时代，西方人所说的"大航海时代"已经远去了，再也没有发现新大陆的探险和神秘黄金、宝藏的诱惑，但我们一样还是要到海上去，而且"到海上去"的人还越来越多，途径也越来越多样，人类能力所及的海域也越来越多，探索也越来越深入。作为中国民间航海的所谓"先驱者"之一，我是多么希望我们中国人也能走向海洋、航海环游世界，领略海洋博大的胸怀，勃兴我们东方的海洋文明。我是第一个进行环球航行的中国人，但我相信，我绝不会是最后一个。

从2000年第一次登上帆船到现在，我已经驾帆船到达过60多个国家。我刚开始接触航海的时候，有着几分莽撞和冲动，连全球定位系统和海图都不会看，只是一心想着走出去。我一直把航海作为我人生修行的一个过程，在海上，孤独还算是容易克服的，真正厉害的是恐惧：有的时候，几吨重的海浪像小山一样砸在小船上，还有的时候，带着海腥味的狂风像利刃一般打在脸上……也许在某一瞬间，我渺小的生命就会无声地消失在汪洋中。

大海给了我千百次的历练，也让我感受了各种各样震撼心灵的美丽，宁静的晚上能看到泛着点点亮光的海面、满天灿烂的繁星，可以遇到百十条成群结队的海豚簇拥在船头和船尾。

在环球航海成功归来后，生活在陆地上的我时常陷入迷茫与失落。经过一段日子的思考和收集信息，我决定重返海上，踏上重走"海上丝绸之路"的征程，想用自己的力量再进一步重拾中国人的航海辉煌。

2015年，在多方支持下，我率领"东南卫视"号和"沣沅弘"号帆船，踏上了重走海上丝绸之路的征程。这一次的活动由中华文化促进会、中国国际文化交流中心、福建东南卫视、中国宋庆龄基金会、中国航海学会等单位联合举办，航程也将有上万海里之遥，一路将穿越台湾海峡、南海、印度洋、阿拉伯海、亚丁湾、苏伊士运河、地中海等海域，途经新加坡、

▲ 平潭起航船员和岸上的人相互道别

▼ 王大有老师依然为我们祈祷平安

▲ 承载梦想的"东南卫视"号

▲ 由米沙驾驶的帅气的"沣沅弘"号

马来西亚、斯里兰卡、吉布提、埃及、希腊、马耳他、意大利等国，穿越千年时空，探寻昔日繁华。"浩浩汤汤，大国之海"，这次的行程已经不只是一次单纯的航海，更是一场具有深远意义的文化交流、文明对话，将会让世界了解中国悠久的海洋文明，也认识走向深海的新一代中国人。

为了这次重走海上丝绸之路，我准备了近6年时间，陪伴我一起起航的，还有在全球范围招募的18名船员，除了中国同胞，还有来自俄罗斯、美国、德国、意大利的同伴。上一次环球航海时我孤身一人，更自由、更放松。而这次将带领一个船队，心理压力会更大。一个人的航海需要的是勇气，而带领一个团队出海更要担负沉重的责任。这次重走海上丝绸之路也是做了周密的航线设计，尤其是对各种海上突发情况做了很多的应急预案。

此次航行，除了来自大自然的威胁，还要面临来自人的考验——主要是印度洋的海盗。在设计航线阶段，我便把这个因素划为重点考虑范畴，苦苦思索，详细制订了几套应对方案。再有，此次航行我们走的是繁忙的国际航道，稍有大意就会出现船与船之间的干扰、碰撞，在海上航行的时候，大船是不躲小船的。"东南卫视"号长18.28米、宽4.7米，已经是当时世界最大的远洋帆船，但我们操作稍有疏失，就会出现船毁人亡的情况。

一路航行，来自不同国家的船员们会在不同的站点上船、下船，进行分段式轮替航行，而自始至终陪伴我到终点的则是资深的俄罗斯航海家米沙和国内资深航海人、我已故的挚友——杨金石。

老杨是很和蔼的人，真诚、率直而果敢。在此次航行中，我负责领航，被船员们视为一个大家长，而老杨就是大家眼中的另一位大家长。他负责船体检修、维护和补给等后勤工作，并且肩负船上"厨师长"的要职。

来自俄罗斯的米沙是很专业的资深航海人，也是个很可爱的朋友，真诚、幽默，同时又拥有航海人的坚毅。航海途中饮食很单调，当我们中国人用榨菜、辣椒酱、蒜瓣等调味品拌出各种不同口味的方便面时，米沙就会得意地拿出自备的番茄酱、沙拉酱等西式调料，为自己拌出各种口味的意大利面，虽然主要的食材还是方便面，但他充分诠释了航海中以平常心创造平凡美味、体验人生真味的生活态度。

我和老杨、米沙都是多年好友，非常默契，不需要再磨合和相互了解，一个眼神、一个动作就可以明白彼此。

▲ 老杨、米沙和我在研究海况

◀ 2001年我和老杨的合影——想你，兄弟除了我和两位经验丰富的老船长米沙和老杨外，其他船员大多是初次远洋航海。这次陪伴我航行很久的伙伴还有职业航海人小魏、高鸿飚、宗建楚和"90后"王铭路等很多年轻优秀的船员，他们来自不同国家，有着不同的职业背景和人生经历，因为奇妙的缘分聚集在了一起。

我在船员们的眼里是很严厉的，而老杨在大家眼里是亲切的，米沙是幽默可爱的。在茫茫的大海上，帆船上就像是一个小社会，来自不同地方的船员要在狭小的空间里同甘共苦、搏击风浪，面对生死的考验，也一同领略常人无法体会的壮美。同行是缘分，离别时道声"珍重"，又翻开各自全新的精彩，豪迈而豁达地享受人生，是航海最大的魅力。面对大海的挑战，每一次航程都会有历经生死的瞬间，但前仆后继的勇士们从未止息。

朝夕相处，也性命相连，茫茫大海，充满未知的凶险。嘿！兄弟，升帆！

▶ 嘿！兄弟！我们起航！

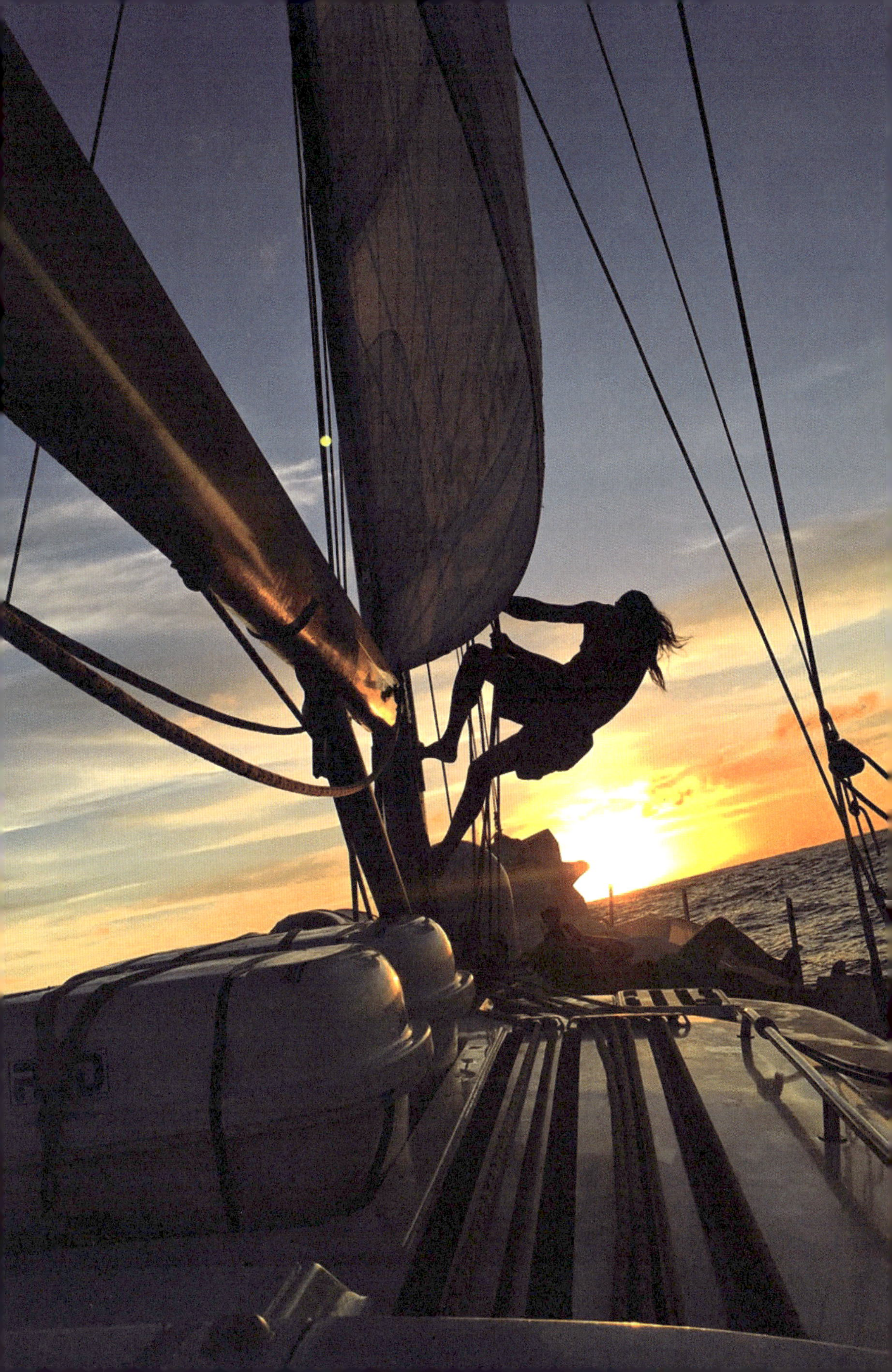

非凡的中国人

"东南卫视"号是一艘环球远洋比赛专用帆船,这艘船是比较有历史的,它已经围着地球"转"过6圈了,具有很好的抗风抗浪能力。但海上的气象状况变化万千,时常会有狂风巨浪袭来,尤其是在顶风逆流的情况下,船只会发生剧烈的颠簸摇摆,就算是风平浪静的时候,船只也会有15度左右的倾斜,而船上的特殊设计很好地应对了这些问题。比如吊床,有个袋子兜着,类似于火车上铺的护栏,海上遇到船体倾斜时为防止人一下子滚下来,必须用袋子兜着。床底下还有一条绳子,无论走到哪儿,一定要拎着这条绳子,以保障身体平衡,避免摔倒。这一点在我之前的航海中让我深有体会。

比吊床更重要的"黑科技"还有许多,比如我们中国人在造船技术上最伟大的发明、最革命性的技术、最颠覆性的创举——水密隔舱。我们的船舱里有两个水密隔舱,也就是用隔舱板把船舱分成互不相通的舱区。由于船舱的舱室之间采用水密隔板隔开,在航行途中,即使有一两个舱室因触礁、碰撞发生破损进水,海水也不会流进其他舱室,要是破损进水的舱室过多,还可以通过抛弃货舱中的货物减轻载重,使船舶保持一定浮力而不致沉没。水密隔舱既提高了船舶的抗沉性能,又增加了远航的安全性能,这项技术后来也逐渐被欧洲乃至世界各地采用,2010年,水密隔舱技术被列入联合国教科文组织非物质文化遗产名录。

600多年前郑和船队下西洋,从中国出发,最远曾抵达非洲东海岸,航程最长超过24000公里。作为有着悠久造船历史和航海经验的国家,中国很早就形成了一套独创性的造船技术,并在相当长的历史时期内居于世界领先地位。郑和船队的宝船之所以能够造得那么大,走得那么远,就是得益于这项技术。据说郑和的宝船长44丈、阔8丈,航行中抵达很多地方都让当地人惊叹不已,因为他们从来没有见过那么大的船。历史上著名的阿拉伯商人苏莱曼曾经在自己的游记里写道,唐宋时代中国的船只非常巨大,波斯湾风浪非常险恶,只有中国的船只能够安然通过,很大程度上得益于水密隔舱技术。

除了水密隔舱技术,聪明的中国古人受到鱼游水的启发而发明了舵,比西方足足早了近千年；而橹的发明也是我们祖先伟大的创举，传说是著名的古代工匠鲁班根据鸭子游水的原理、模仿鸭子脚蹼而设计的。还有被传颂很久的"温麻五会"，也是源自福建古代著名的造船基地温麻船屯。所谓温麻五会，指的是当地首创的用于造船的五合板。古代海上的航行船舶使用木制的材料，很容易渗漏，这对木板之间的黏合技术就有很高的要求，温麻的造船匠人，经过反复实验，拿桐油、麻、石灰水互相融合，反复刷板，再把麻掺在中间压紧，加上桐油和石灰水，最终造出了具有很强防渗漏功能的板材。

古代中国的"四大发明"之一的指南针，也是航海的重要工具，指南针技术就是定位技术。远古出海的人都是在汪洋大海中漫无目的地漂流，凭经验和运气模糊地定位，而有了指南针后，就可以确定航向，利用不同的洋流和风向，扬帆去往真正想去的地方，不再随波逐流、听天由命。

当时，郑和的船除了停泊港口补充给养，船上还养有若干种动物和种植蔬菜，所以航行途中饮食比较丰富，得败血症的非常少，再加上造船技术好，船比较大，淡水补给存放量也大，船员的生活质量要比同时代甚至后来很多年里的西方船员好太多。

在中国航海史上，留下了宋代赵汝适的《诸蕃志》、元代汪大渊的《岛夷志略》、明代马欢的《瀛涯胜览》等著作，这些书不仅为当时的人们探索世界、游历世界提供了便利的参考，还是现代研究中国海外贸易及中外关系的珍贵资料。

中国海洋史是世界上无与伦比的。我们的这次"重走海上丝绸之路"航海也是一次关于文明的探索。海上丝绸之路是人类从远古时代开始，以海洋为通道进行物产交流、人员迁徙、文明对话的大通道。用这样一个形式重走海上丝绸之路，也是和平崛起中的中国与世界的一次意味深长的对话。

1　"东南卫视"号帆船内部结构
2　"东南卫视"号帆船上的厨房
3　"东南卫视"号帆船上的客厅
4　"东南卫视"号帆船上我的工作室

▲ 在我的工作室内挂满了我儿子的照片，那时候他才3岁，他是我永远的牵挂

▲ 蓝色星球上，帆船载着我们去实现梦想

▶ 这次的航行和以往最大的不同是，终于有人给我拍照了！
深海中，我不孤单

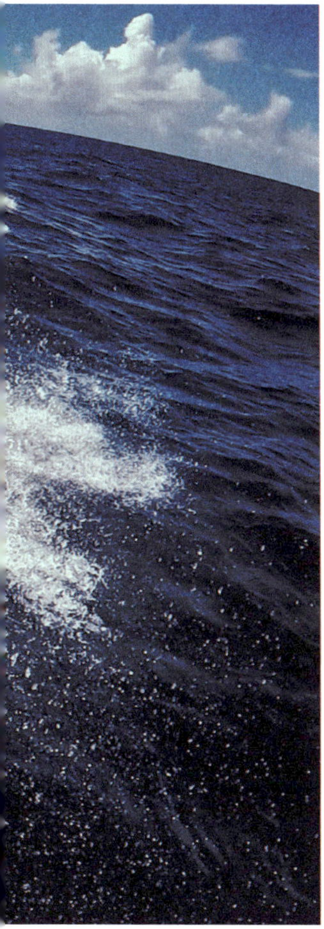

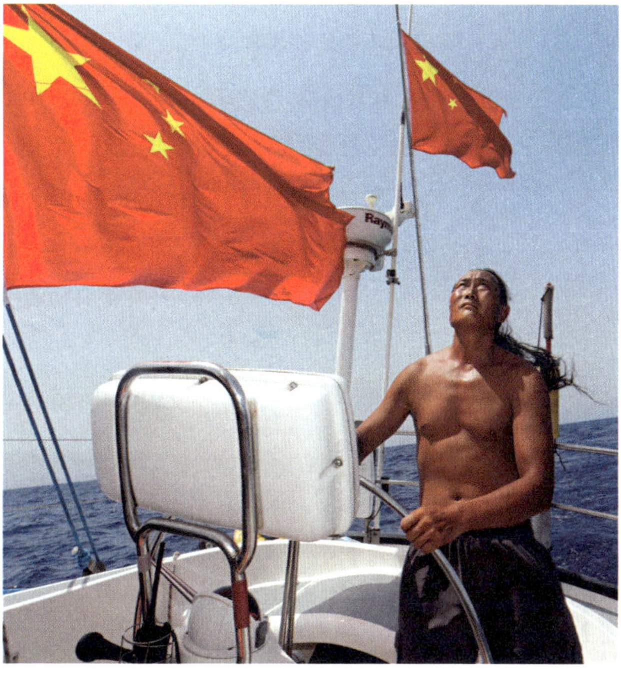

航行在南中国海的日子

航海是一个精神和肉体获得多重历练的过程,让我在自然面前吸取了更多的营养。我从不认为我们是在"征服""战胜"自然,我们真正战胜的,是来自物质和精神世界的对人自身的挑战,战胜的是自己。

很多人都曾问我,航海途中,你寂寞了、孤独了怎么办,我说,寂寞的时候有很多飞鱼,孤独的时候可以自己看看书,和星星月亮说话,我还常常以绘画的方式来记录我的航海日志。我们说,航海生活有多单调就有多丰富,有多平淡就有多精彩,正是大海的这种无穷魅力吸引着无数的航海人。

2015年4月20日,我们从福建省第一大岛平潭岛起航,很快进入台湾海峡。船队由"东南卫视"号和"沣沅弘"号组成。不巧的是,起航后不久,我们就遇到了地震的考验。晚上10点左右,一场非常强烈的暴风雨袭击了我们,而这场暴风雨正是上午台湾附近海域发生的6.3级地震所致,当时,海上东北风非常强烈,风力达到7~8级,最高时达到10级,电闪雷鸣,气温也急剧降低,浪高从5~6米急剧攀升到10米。

经过狂风巨浪的折腾,很多船员已经无法站立在甲板上,为了安全起见,我让他们进到船舱。很多人都头晕脑涨、卧床不起,还有几个不停呕吐。直到凌晨,一直由我和老杨轮流出舱驾船夜航和巡视。米沙驾驶的"沣沅弘"号上的船员估计状态也好不到哪儿去。后来听东南卫视的摄像师郑忠成说,当时船舱里的状态可以用惨烈来形容,几乎所有人都在呕吐,而呕吐的过程中,大家还在相互拍视频,场面颇有喜感。

一天一夜后,船员们还在惊心动魄中惴惴不安,船队已驶出台湾海峡,进入南海海域。这时风浪渐小,一切恢复平静,海面碧蓝,就像什么都没发生一样。逐渐停止呕吐的船员们心情极好,起床第一句的问候语是:今天吐了吗?

航行中,很多人上船之后就出现了严重的晕船现象。基本上前两天一直在晕船,从第三天才开始慢慢适应。南海上,很长一段路途什么岛屿也没有,除了海什么都看不见,我们的船就像一片树叶一样在海上漂来漂去,因为不适应海上的生活,起航后的一周里几个船员六七天都没有畅快地"新陈代谢"过了，这让船员们都佩服我、老杨、米沙这三个"老家伙"的"武艺高强"。大家互相交流着"代谢"经验，都想找到适合自己的方法。在三亚停靠的时候，很多船员第一件事就是冲上岸"解决"，但往往需要很长时间才能"解决"痛快，然后躺在船上享受那种久违的畅快之感。然后，第二件事就是洗澡！

从平潭岛起航时船上一共18人，但是在三亚停靠补给之后就只剩下7个人，一路航行下来，团队中的人数一直在变化，有的是因为身体原因，也有的是因为时间等原因。但我、米沙和老杨我们三个船长，还有阿飚、宗建楚和王铭路三个船员一直是固定不变的，这也保证了这次航行的安全。另外还有东南卫视摄像师郑忠成。其他一些船员将在途中分段上下船，他们来自不同国家，通过参与航程中的不同段落，对中国的海上丝绸之路也将有各自的了解和交流。

随着体力的恢复，我们剩下的7个人对吃的事情也上了心，由于船上没有冰箱，船上的食品补给一般都以罐头、方便面、面包等干粮为主，对美食的渴望增强了大家的"行动力"。飞鱼相伴、海鸟翱翔的海面上，钓鱼、抓水母成了我们起劲儿的"营生"，眼前的一群壮汉瞬间变成了天真的孩子。正午，一条大黑鱼成了老杨的主食材，黑鱼面填满了船员们呕吐后空虚的胃。航行中，老杨相当于大管家和大厨，为了让大家吃得更可口些，就每天变换着花样做，蔬菜炒面、鸡蛋炒面、红肠炒面、鱿鱼丝炒面，但好像始终都是离不开方便面……

一般在航行状况好的时候，我都会让船员们轮流掌舵驾船。7个人每天轮班工作两个小时，一有休息时间大家就都睡觉补充体力，南中国海上的这段航行时间比较长，看日出，听听音乐，面对大海发呆……片刻的舒服，片刻的宁静。这就是茫茫大海中，大自然对我们的恩赐。

海上生活，我们面对的是一片汪洋，却惜水如金。船上淡水存储水箱只有500升，淡水资源有限，只能用于饮食。每天早上8点气温就开始升高，一直会持续到下午5—6点，船员们形容中午驾船的船员就像一只铁板上烤着的鱿鱼。加上海浪的拍打，身上总是湿乎乎、黏糊糊的。有"洁癖"的老杨一天要换四五次衣服，但是换下来的衣服又没法洗，只能晾干之后再循环穿。慢慢地，船员们也用起了老杨的"换衣法"。而想要洗澡只能靠天上的雨水，水少的时候连牙都不能刷。偶尔，米沙会顽皮地提出要洗

▲ 风和日丽时船员们还是很淡定的

▼ 风暴后,疲惫的船员随处瘫躺在船上

▲ 老杨工作的时候很"MAN"

▼ 船上的饮食单一,但战胜风暴后,吃着还是很香的

澡,但每每都会被大管家老杨狠狠地"拒绝"。而米沙也不含糊,直接跳到海里和鱼儿们共浴。也有的时候,看着一朵雨云向我们飘来,米沙就站到甲板上,快速地打好沐浴露,等雨云飘过来洗雨水浴,屡试不爽。但有一次不巧,突然一阵风来,雨云转向飘走了!满身泡沫的米沙在众人哄笑中跳到海里,再次和鱼儿们共浴,像一只欢快的小鸭子。

从台湾海峡过来之后我们一直往南走,航行在南中国海上,一路的东北季风,一直到三亚,风向都没有变过,一直都是顶风逆流地航行。帆船航海中如果遇到顶风,一般走"S"形,这就要比原来的航程多一倍的距离,花费的时间也成倍增长——我们从三亚到新加坡就整整用了11天时间。有两次海豚直接在我们船头给我们带路,船员们都很激动,海豚还不时地跳出水面,从平潭岛起航到新加坡,很多次都有海豚簇拥着我们的船,跳跃、嬉戏。单调的航行中,有这些热情的朋友,我们也不算孤单。

抵达新加坡前,我们途经印度尼西亚的阿南巴斯群岛,临时停靠做补给,虽然语言不太通,但是依然可以感受到当地居民的热情和友好。他们送了我们20多条鱼,让我们暂时改善了生活,我们也回赠了他们一些国产啤酒作为答谢。

2015年5月14日,历经25天的海浪追逐,我们抵达此次航行的第一站——新加坡,并在新加坡国立大学举行了交流活动。我也见到了同样热爱航海的黄懿麟夫妇等很多老友,因为有着共同的梦想,他们给我们提供了很多的帮助,就像古往今来的水手们一样,互相扶持。

一路航行,每停靠一个港口,都会感受到岸上人的热情,他们和陌生的航海人之间产生共鸣,沿海生活的人们对地理大发现、大航海时代的故事都比较了解,所以他们很关注和钦佩勇于驾船去航行的人,从个人情感的角度,通过和这些热情的人沟通,能够了解到,其实每一个人都有一个想去航海的梦想,但是很多时候因生活所限,没有办法去实现梦想,所以我们的航海也承载了许许多多陌生人的梦想,激起了很多人心底的航海梦。

▲ 我们都是这样使出吃奶的劲儿拉绳索升帆的

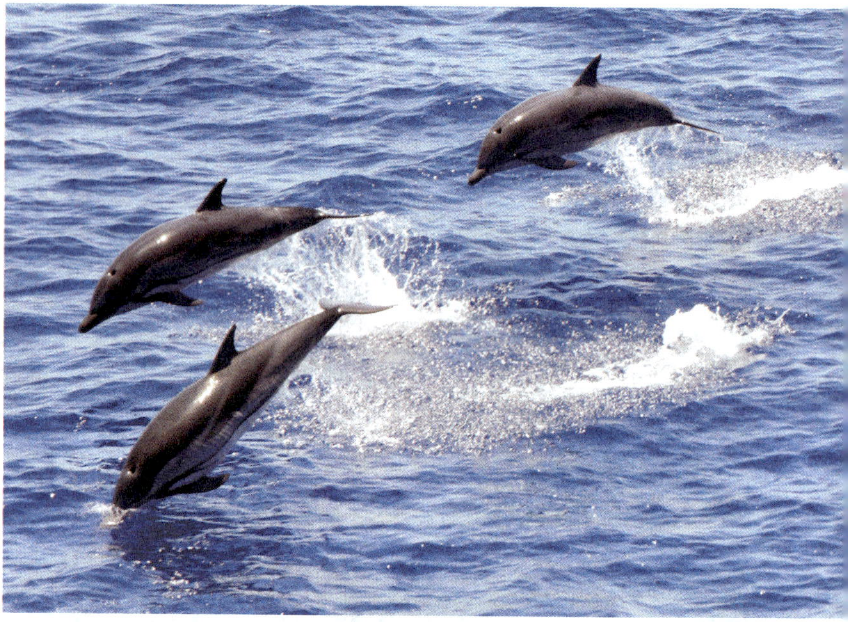

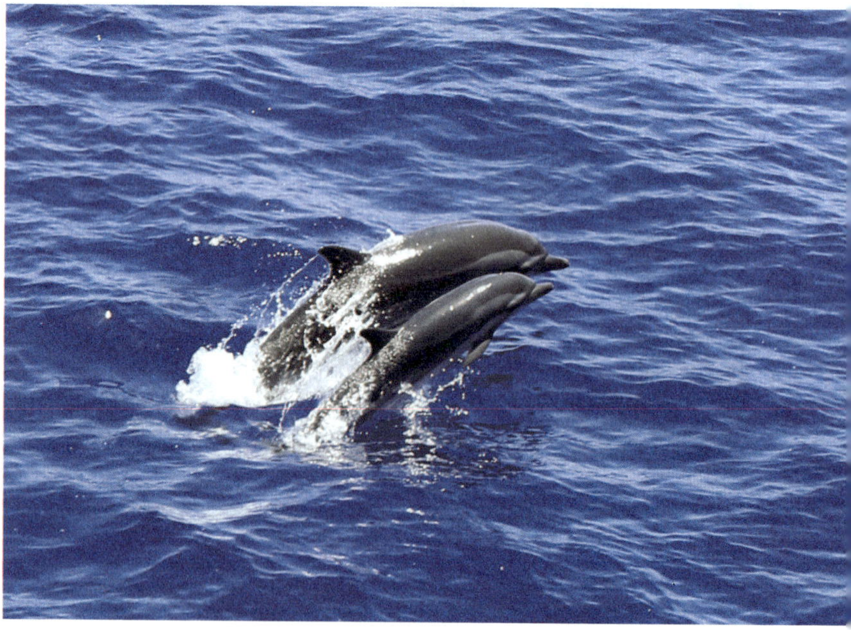

▲ 我们的伙伴——海豚兄弟

在风暴中等待风暴

海上丝绸之路的航线从新加坡出发后要途经马六甲海峡。马六甲海峡是位于马来半岛和苏门答腊岛之间的一条狭长水道，长度超过1000公里，因马来半岛南部沿海的古城马六甲而得名。马六甲海峡是沟通太平洋与印度洋的黄金航道，途经马六甲海峡的船只能够以最短的路程穿行于太平洋和印度洋之间；马六甲海峡地处赤道附近，相对于印度洋海域，风力微弱，峡道内较为风平浪静，便于行船，因此它成为亚洲、非洲、欧洲、大洋洲之间互相往来的海上枢纽。由于独特而重要的地理位置，早在2000多年前马六甲海峡就已经通航，彼时中国正是汉朝，也就是海上丝绸之路形成的时代。如今，这里仍旧是世界上最繁忙的海上交通要道之一，也是我们此次航行必经的要道。

5月20日，我们抵达马来西亚的马六甲，准备在这里稍作休整后穿越马六甲海峡。当我们正准备停靠的时候，风云突变，暴雨倾盆而下，船只和暴风雨抗争着无法靠岸下锚。下锚并不是随意把锚朝海里扔下去就行了，在水很深的地方下锚是没有作用的，锚的每一个钩子其实是像勺子一样，它是要靠抓水底的泥沙并固定住才能让船停住。这对下锚地方的水底结构要求就很高，泥底、泥沙底、沙石底、岩石底，一般在海图上会有些标示，在珊瑚礁等礁石底是不能下锚的。

不在海上航行，就永远体会不到天气的任性与多变，如果说停靠时的风暴是马六甲海峡给我们的一个下马威，那么接下来将要穿过安达曼海域，正面迎击的印度洋季风才是我们此次航行的"大BOSS"。

当我们从霞光满天的马六甲出港时，远处的海面发生了一些变化，一场暴风雨正在酝酿成形。在马六甲海峡航行3小时后，离开马六甲80海里（约150公里），很快就变成了40节（约9级风力）的强风暴。在船头，老远就看到气旋冲过来，立刻就伸手不见五指，就像进入黑暗岛一样，像好莱坞大片一样，雨"哗"的一声就来了，马上就开始狂风暴雨，风从10节（约3级风力）一下子变到40节，舵都拉不住，大家赶快降帆。新上船的摄影师冯冯在风雨中大喊："洗澡啦——！"

遇到这样的情况，降帆后，一般约20分钟就能冲出去，冲出去之后又是一片艳阳天。啥事都没有，风暴过后，海面恢复平静，重新升帆。所谓"听天由命"就是这个道理——老天对我们已经很好了！

连续两次遇到强烈的暴风雨，"东南卫视"号一度与"沣沅弘"号失联，因为当时的能见度非常低，通信信号比较弱，电话一直打不通。在此之前我们已经约定好，如果走散，就各自前往马来西亚兰卡威会合。

雨后的阳光更显明媚，兰卡威岛的娴静与美丽让每一位船员都心情大好，米沙和猴子玩起自拍，大家纷纷抓住短暂休憩的机会和宝贵的网络信号发出最新信息，船员阿飚发了这样一条微博：

"一天经历两场暴风雨，40多节（相当于9级以上风力）狂风大浪，终于到达这个航海人聚集的兰卡威岛，类似驴友俱乐部，有到这儿就不想走的，有情侣大打出手劳燕分飞的。有趣的是这里有很多二手船出售，最便宜几万元人民币就可以买一艘船环球航海去了。这里的海员图书馆没有一本中文书，于是我放了一本，现在后悔书带少了。"

在兰卡威的游艇码头上，老杨更是分享了当晚的丰盛晚餐：青岛口味的红烧鲨鱼，还有二锅头。

短暂休整后，我们离开兰卡威。不料，麻烦很快出现。先是发动机"罢工"，我与老杨快速检查机舱，发现在兰卡威更换的柴油滤芯没有安装到位，导致油箱里的油漏空熄火，还好及时发现并解决了问题。

然而，刚解决了一个问题，接二连三发生的状况就像多米诺骨牌一样，丝毫没有停止的征兆。"沣沅弘"号被渔网缠住了，船员穿上潜水服，下水用刀子割断缠在螺旋桨上的渔网。结果发现，缠住的渔网相当大，用了将近半个小时才得以清理干净。航行途中这些突发的状况常常让人措手不及，但每次解决困难之后，又会让人由衷体会到成就感。

穿过漫长的马六甲海峡，驶入印度洋边缘的安达曼海，久违的蓝色天空再次出现在我们的视野。预计再航行七八天就可以抵达斯里兰卡，船员们的心情都非常激动，在这一路航行中，船员们既领略了大海宁静的魅力，又体会到了大海变幻莫测的性格。

印度洋的季风，我们来了！

▲ 马六甲海峡的霞光满天

▶ 晴空万里的海面

▶ 乌云密布的海面

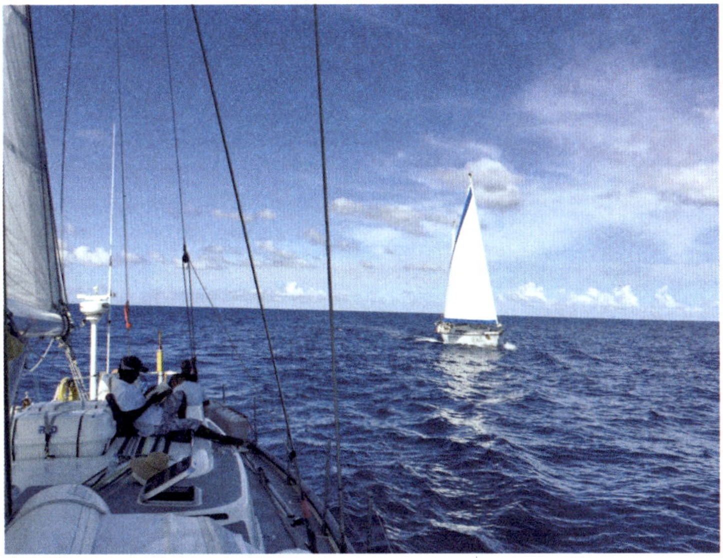

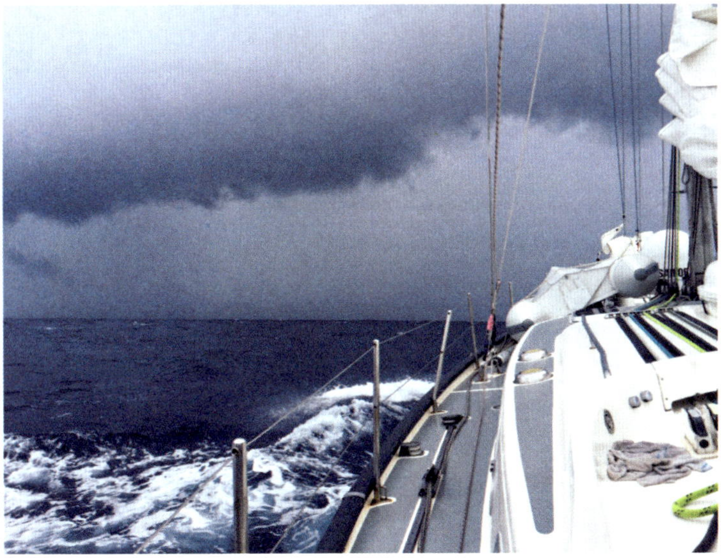

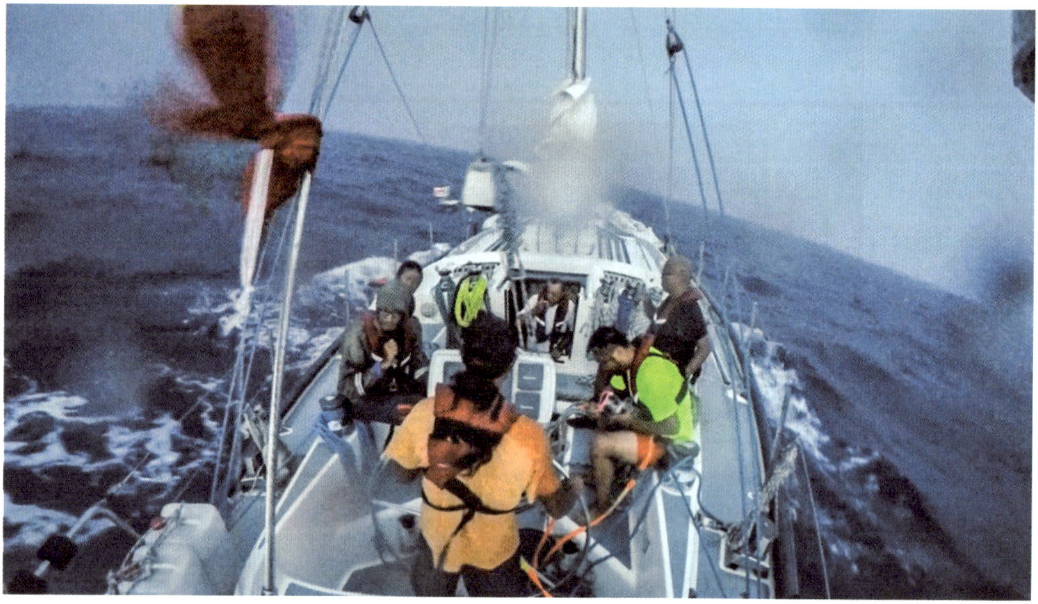

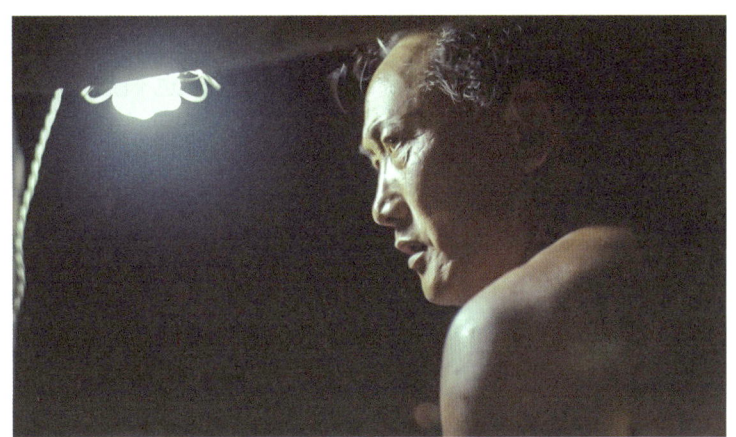

◀ 在风暴中等待下一场更猛烈的风暴

▲ 因暴风雨,与"沣沅弘"号失联,我内心不安起来

▼ 多次呼叫后,仍然没有收到"沣沅弘"号的回复,我担心米沙他们的安危

让印度洋的季风来得更猛烈些吧!

如果你爱他,就把他送到海上,因为那里是天堂;如果你恨他,就把他送到海上,因为那里是地狱。无论是天堂还是地狱,我们必须继续前行,别无选择。

离开安达曼群岛之后,我们进入印度洋,将要直接航行到斯里兰卡停靠。一路航行一直是西南季风,是侧顶风,航速都在7节左右(约3级风力),不过两艘船和全体船员的状态都不错。直到进入印度洋第5天的时候,我们才真正地开始感受印度洋季风的威猛。

风浪太大,顶风逆流,船舷一直搭在海面上,对船体的伤害比较大,还好"东南卫视"号已经环球6圈了,是能够经得住印度洋季风洗礼的。

在印度洋上航行遇到最大的困难是特殊的气候,此时印度洋上盛行的是西南季风,顶风逆流,我们依然走的是"S"形线路,这除了增加了航行时间,对船体和船员都是一种折磨。这种航行方法不像侧风也不像顺风航行那样顺畅痛快。虽然我们的目标在西方,但也不能朝正西走,顶着风走不动,只能斜行,与风向保持一个夹角地走。迎着风浪走的时候,浪始终往甲板上打,船只要破掉一个浪,浪花就被风吹到甲板上来,船员身上就会被打湿。

在艰难航行的过程中,大海也偶尔给一些小恩赐,有三四十头海豚在船头跳跃嬉戏,场面很壮观。大海既让我们在暴风骤雨里劈波斩浪,又给了我们一望无际的好景色和一群领路的小精灵,这时远方已经出现了斯里兰卡的轮廓。

印度洋的季风一直在发飙,当船队驶入暴风雨的区域,很快就会感受到本来是很暖的风突然就变成冷风了,风速也增加了。从10节左右(约3~4级风力)一下子就升到40节(约8~9级风力),整个船被吹得就像要倒了一样,站在船头,老远就能看到气旋冲过来,马上就开始了狂风暴雨。每每这样,我都会准备好刀子,心里提防着万一风暴将船冲翻,就把救生艇的绳子全部割断,把救生艇放出去让船员们快速上船。因为人的速度是没有风暴快的,到时候解绳子是来不及的。救生艇可容纳8个人,我们的船上备了两只,里面存放够维持10天左右的食物,还有取水装置、定位灯、无线电收发器等。

从马六甲出发至斯里兰卡，整整航行了16天，经历多次狂风暴雨的洗礼，就算在靠岸时，风暴也没有停止，船队一次次地经受着考验。

6月6日我们登陆斯里兰卡。从起航到现在，我们已经在海上航行了48天，航程3077海里（约5700公里）。现在海岸近在咫尺，陆地就在面前，可是一个让人沮丧的消息随即传来——这次通关应该是我环球航海以来最烦琐的一次。船员们对陆地朝思暮想，但是只能先在繁杂的通关手续办理中等待着。好几个部门，有海军、港务局、卫生防疫局、移民局，因为停靠的是斯里兰卡的军港码头，所以手续相当繁杂。但这些困难都比不上航行的艰难。通关手续没有办理完，所有人都不能上岸，等待一拨又一拨的工作人员进行各项检查。

日近中午，大家把船上剩下的所有食材聚拢在一起，包了一顿饺子。如果再不能上岸，吃饭都成了问题。一边焦急地做着午饭，另一边岸上帮忙办理通关手续的朋友也在焦急地想着对策。从清晨到港，直到现在日落西边，接我们的车子已经在码头大门口等了几个钟头，终于，结束了一整天的检查。船员们陆续出港，见到了码头上的亲人们！

按原计划，离开科伦坡后我们将向西继续航行，直奔亚丁湾，中间不做任何停靠，然后经索马里到吉普提，再到埃及。印度洋的西南季风风力16~18节（约5级风力），最高风速达到27节（约7级风力），西风、顶风，航行非常困难，预计接近印度的时候会变为西南风，对我们的航行会有利一些。科伦坡上船的摄像师陈再荣上船后吐了两天，后来在东南卫视记者采访的时候，他说出了当时的感受和内心的恐惧：

"顶风逆流的航行，印度洋上肆虐的季风就是我们的炼狱，那种恐惧，难以言状，我从科伦坡上船，在船上待了10天。有一天晚上在甲板上睡觉，突然狂风暴雨，浪高有7~8米，船体任凭海浪推搡，整个船都是往上冲又往下落的状态，感觉就像在坐过山车一样，无法控制自己的身体平衡，我抱着护栏，闭着眼睛，把所有的一切都交给了这艘船，把命运交给了大海。当时我真希望哪怕是只有10秒的平静，让我有一个喘气的时间，都会觉得是很奢侈的。"

被暴风雨肆虐的不只是我们，暴风雨过后，我们发现了被渔网缠住的一只大海龟，我们赶紧把它打捞上来，估计这只海龟在渔网里面已经困了

▲ 印度洋上习以为常的小风小浪

▲ 风浪中,船体倾斜 45 度是家常便饭

很久，并且两只脚被渔网勒伤了。大家给它的伤口做了处理后，把它放回了大海，在大自然面前，我们显得那么渺小和无助，只希望它平安。

而这段航行中，受伤的不只是大海龟。老杨在修机械的时候，不慎碰伤了腿，之后伤口又感染了。在航行的过程中，尤其是遇到顶风航行，船上的人经常会被海水打湿，这种情况下，伤口就很容易受到感染。用船上的急救包给老杨多次处理了伤口，并服用了抗生素，老杨的腿伤慢慢好转，大家才松了一口气。

受强烈的西南季风影响，我们改变计划将临时停靠马尔代夫进行简单的补给，然后往西航行到东经60度，再经亚丁湾、红海到埃及。

从新加坡到斯里兰卡都还算顺风顺水，但从斯里兰卡到埃及都是西南季风并且会持续到9月份，给航行造成无法想象的苦难。全程都要顶风逆流航行，原计划约20天可到达埃及，现在需要40多天才能到达，而且船上的补给撑不到护航点，也很难找到补给点，可能会出现很多状况。船员们从体力和精神上会受到非常大的影响。比计划更漫长的航行，茫茫大海上无尽的孤单真的会让人抓狂，直到那一刻，我才体会到船员们对靠岸的期盼。

停靠马尔代夫的时候，因为"东南卫视"号带有武器装备不能靠岸，就由"沣沅弘"号靠岸做补给，几名船员和摄像师陈再荣选择下船。后来，在媒体采访中，陈再荣是这样说的：

"从科伦坡上船后，茫茫大海，偶尔会看到过往的货轮，真的想让货轮把自己带上岸回家。到马尔代夫的时候，只有一个想法——靠岸、回家。因为'东南卫视'号有武装保安，不能停靠港口，我们要离开'东南卫视'号，乘着皮划艇到'沣沅弘'号上才能靠岸。当时我和小宗带着行李上皮划艇，在公海上冒着风浪到另一艘船上去。慢慢远离'东南卫视'号的时候，心里很恐惧，如果风浪太大，皮划艇不能靠近'沣沅弘'号，结果不敢想象。最后'沣沅弘'号的水手阿飚抓住皮划艇绳子的一瞬间，我们感觉安全了。"

对于普通人，这样的航海体验已是极限。唯有亲历，才知航海的艰险。

而这时，我接到了一个令人振奋和自豪的消息：中国海军护航编队将在亚丁湾海域为我们实施特殊护航！祖国万岁！

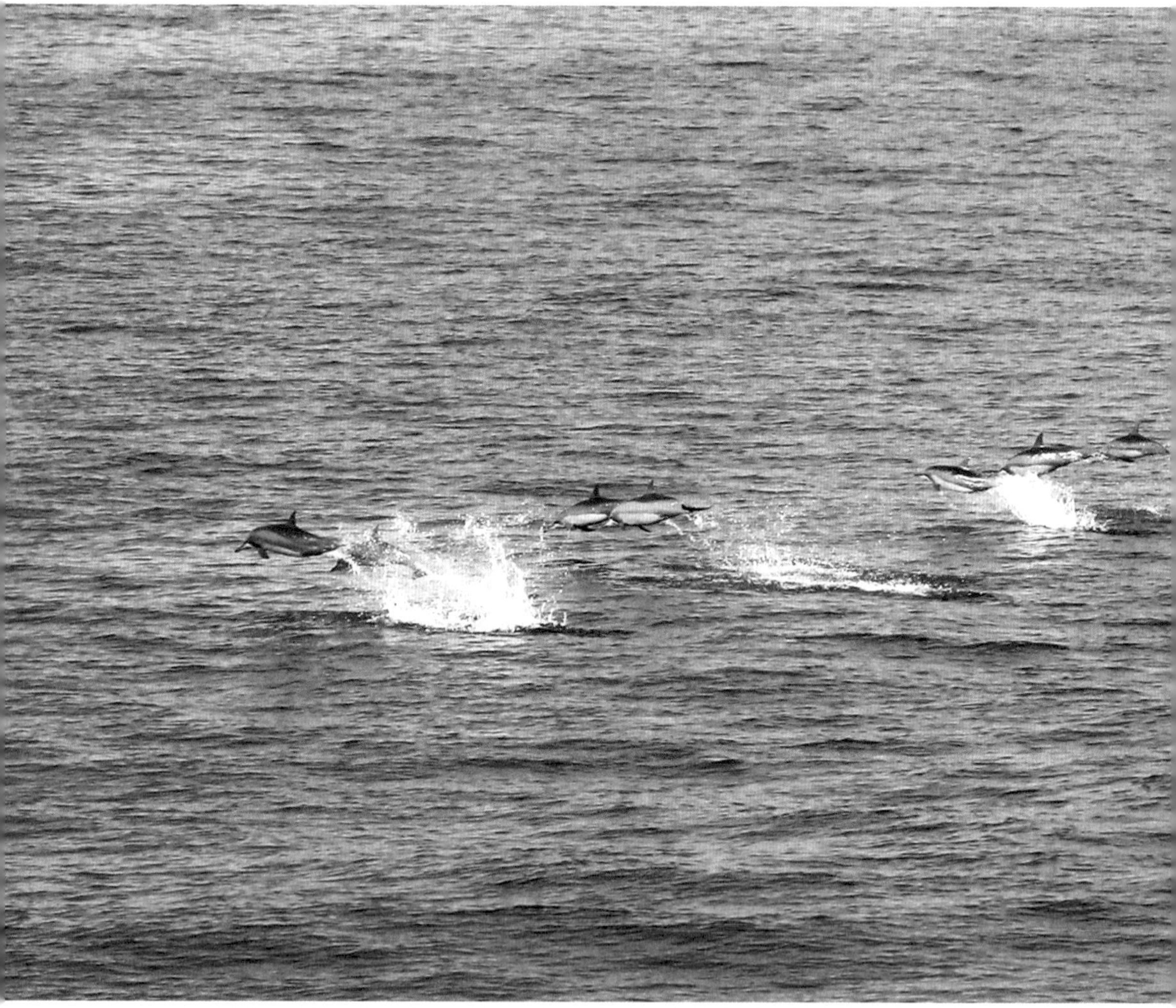

▲ 雀跃的海豚们

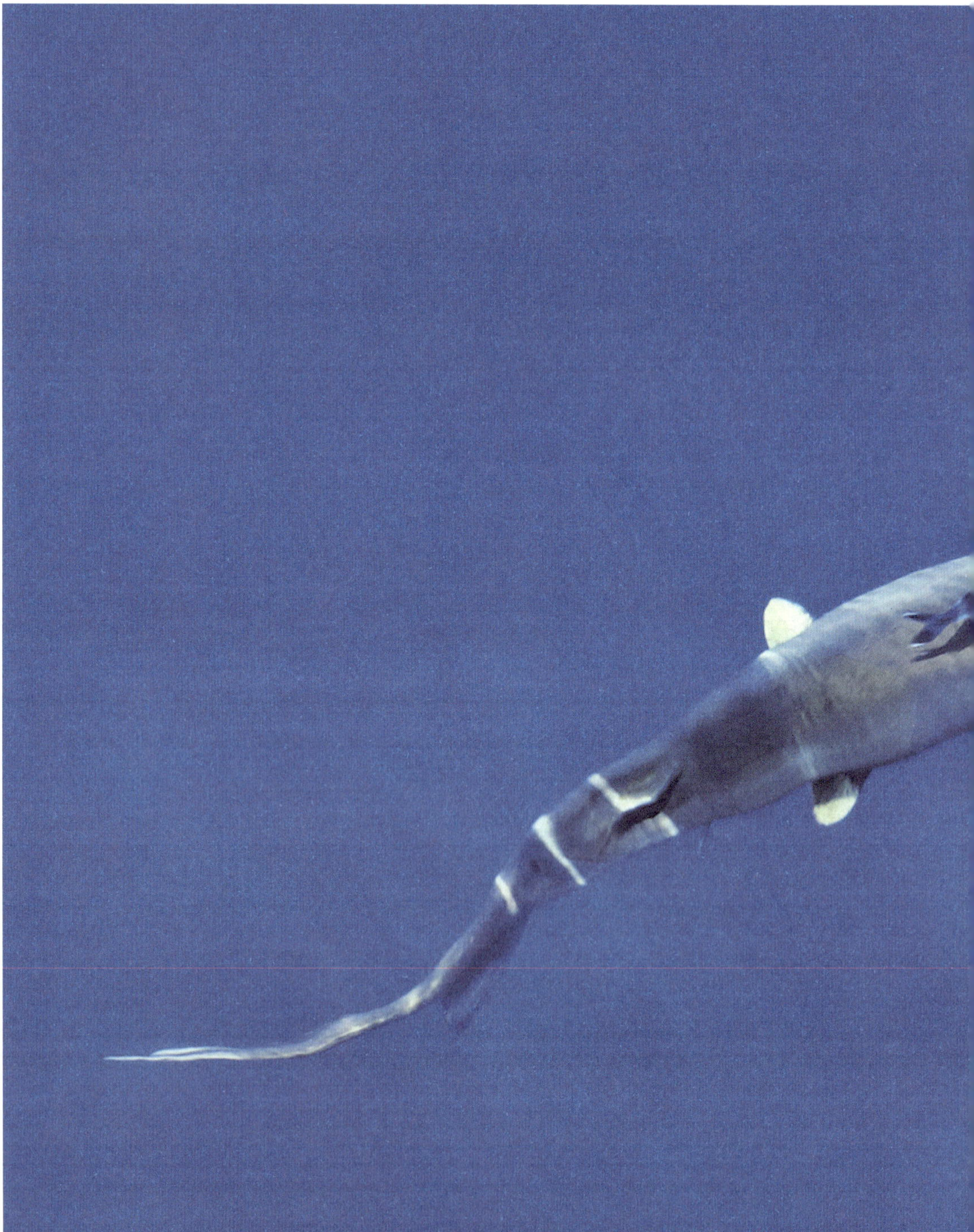

▲ 大鱼和小鱼,和谐的画面

猖獗的海盗

在斯里兰卡聘请了武装保安上船，在亚丁湾海域又有幸获得中国海军的护航，这一切都是因为一个因素——猖獗的海盗。

当今世界大部分海盗都活跃在印度洋上。这次航行期间，我从新闻报道中得知，有一艘中国台湾籍渔船在印度洋西部马达加斯加海域附近被海盗劫持。而在 5 月 29 日晚上，我们也经历了一场"快艇惊魂"。

那时，我们刚刚穿越了马六甲海峡，进入印度洋安达曼海域。那时还没有武装保安上船，黑夜里，两艘快艇突然出现，迅速接近了我们。快艇上的人态度并不友善，但一时也难以判断他们的意图。他们的两艘快艇在离我们很近的位置观察了我们一番，然后分开了，估计他们是想看清我们的船上到底有多少人。虽然他们没做什么就离开了，但是也让我们整晚的航行都忐忑不安，在我们心头留下了难以抹去的阴影。

此时印度洋季风风力持续在 27~30 节（相当于 7 级风力），我们预计，到达与中国海军护航编队会合点还有 12 天左右的航程——这将是迄今为止最长的一段航程，而要经过的区域恰恰又是海盗经常出没的区域。

海盗（水贼）是一个古老的犯罪行当，自从人类开始利用船只在海上（水上）运输以来，海盗便应运而生。就像前文说过的那样，很多在海上讨生活的人，放下枪是渔民，拿起枪是海盗。近些年来，随着有关国家的政治局势和社会变化，全球范围内海盗活动日益猖獗，抢船、偷货、扣人、索要巨额赎金，更有甚者会对船员造成人身伤害。

我们在斯里兰卡雇用了武装保安，船上也配备了枪支弹药，船员们也进行了反海盗培训。但是，在印度洋一路西行的航程中，从斯里兰卡到亚丁湾的入海口，海盗猖獗、危机四伏，总是让人忐忑不安。

之前环球航行的时候，我是孤身一人，选择路线就尽可能地航行到大洋深处，只要规避天气的因素就可以保证航行的安全。但是这次，我不再是一个人，还肩负着兄弟们的生命安全，我不能有丝毫马虎。航海不只要应对变化多端的天气、海况，还要时刻警惕埋伏在汪洋大海里的人为危险。如何防范海盗的骚扰与侵袭成了亟待解决的问题。

在斯里兰卡，我们选择了华信中安保安公司为我们接下来的航程提供安保服务。这家公司是斯里兰卡当地华人开办的，负责人林女士精明、干练、果敢。公司聘用的保安人员都是退伍军人，不乏来自海军陆战队、武警部队的"兵王"，都是曾经受过严格训练的战士。3年多的时间，他们已经为上千艘中国商船保驾护航。

这一次，他们公司将有两位武装保安人员加入我们的船队，将在斯里兰卡到也门之间的航段为我们护航——也就是我们的船队和中国海军护航编队会合之前的海盗活跃海域。我们做了多次防范海盗的演习，希望在真正遇到海盗时能有一定程度的应对措施。

此段的航行西南季风还是很强，持续在25~30节（相当于6~7级风力），到亚丁湾一直是侧顶风，只能用小帆（风暴帆）前行，航行速度比较缓慢，但是可以保障安全。距离亚丁湾护航A点（我们的船队和中国海军护航编队会合点）还有500海里（约926公里）的时候，船上淡水存储箱里的淡水已经全部用完，只剩下4箱小瓶桶装纯净水，如果不出意外，坚持到A点就没有问题。

▼ 进入海盗多发区安达曼海时，船员们都绷紧了神经，老杨紧握绞盘

这段时间航行 10 多天，身上每天湿漉漉的，洗澡只能用海水，洗完身上还是不爽利，所以，一场暴风雨对船员们来说也算是一种福利，可以好好地洗个澡了。米沙边打着沐浴露边笑着用"铿锵"的中文说："洗澡喽！海盗在前面等着我们！"

虽然哥伦布发现了新大陆，但他也是用另外一种方式去殖民，是一种掠夺性、侵占性的开发，这是西方的海洋文明。当时郑和七下西洋，船队的规模，是世界上其他国家无法比拟的，然而，在这样强大的背景下，郑和的船队并没有占领任何一个国家的一寸土地，只是相互交流，郑和给很多地方带来了先进的农耕技术和农业文明，并且实行了和平外交，以及双赢贸易政策，不以自己的强大而侵犯别人，反而以自己的强大去帮助别人，成功地为当时的明朝带来了声誉。郑和七下西洋成功地"征服"了沿途国家，这种"征服"不是武力征服，而是心底的征服。郑和被沿途各国人民称为和平使者。当我们停靠马六甲后，当地华人领袖吴金华先生称我们为中国新一代和平使者，仿佛郑和下西洋的那段故事又开始了。他希望我们的新海上丝绸之路可以走得更远，可以把中国和平的心声带到全世界去。

海盗的威胁，让我们的航程多了一分忐忑与悲壮。但纵使前路艰难坎坷，让我们勇敢前行的，是在我们的身后有强大的祖国。在前方，中国海军舰队将为我们护航，穿越航海禁区索马里海域，完成这段航海人无限向往但又难以实现的非凡航程。

今年的端午节，我们在印度洋上过！

▲ 华信中安特战队员们与我们同行

▼ 此时的我也很"MAN"

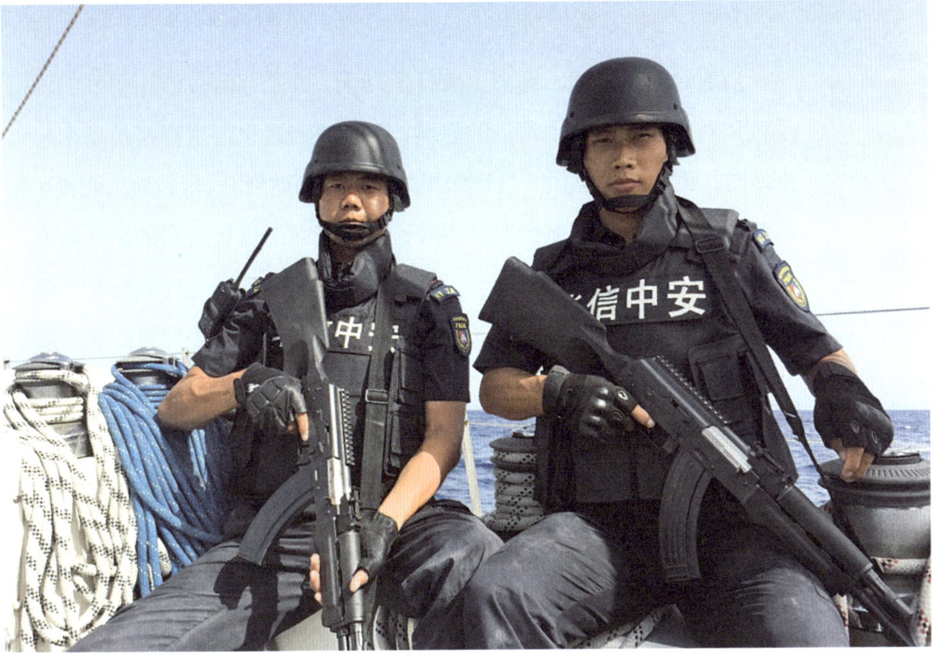
信中安

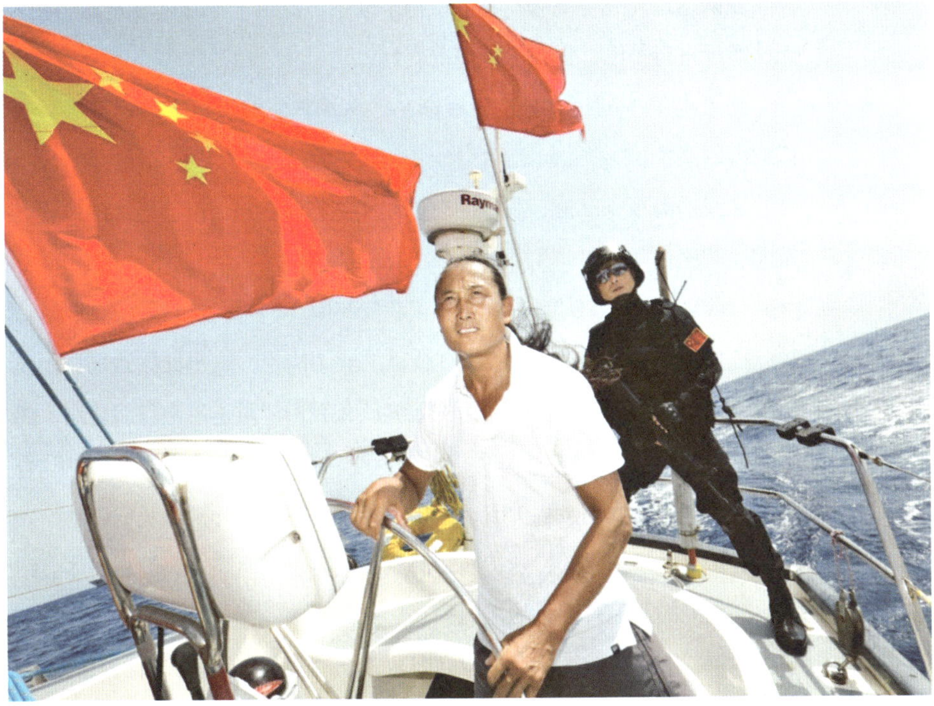
Raym

亚丁湾,最光荣的时刻

当地时间7月4日,在海上航行了78天,经历了印度洋上强烈的西南季风和对印度洋海域上海盗的恐惧,我们在经过也门索科特拉岛东北角海域时,遭遇50节强风(约10级风力),浪高达到5~7米,顶风逆流、人员紧缺、补给不足,航行非常困难,这是我航海以来遇到的最强风力,我们也几乎濒临承受能力的边缘。这时,我们看到了远处飘扬在深海上的五星红旗——中国海军第20批护航编队"济南"号导弹驱逐舰(舷号"152")。

7月5日早上7时,刚刚结束停靠吉布提共和国吉布提港休整的中国海军第20批护航编队济南舰经过两天的连续航行,穿越亚丁湾东部大风浪区,抵达索科特拉岛西北30海里(约55公里)处海域,将与我们会合,开始对我们实施特殊护航。这也是中国海军护航编队执行的第857批护航任务。

舰队通过无线电高频与我们取得了联系,但由于当时风浪太大,暂时无法靠近进行补给,需要等待海况变好。

到了上午11点20分,风浪渐小,海军护航编队再次通过高频与我们取得联系:

"我是海军152舰,我方面对你船实施特殊护航,请通报你的位置、航向、航速。"

"收到,航向270度,航速5节。"我回答时,嗓音情不自禁地有些颤抖。

狂风巨浪中,距离祖国7000公里的亚丁湾上,五星红旗飘扬,护航军舰鸣响雄壮的汽笛,我国海军护航编队和我们"重走海上丝绸之路"船队会合成功。印度洋上,海军护航舰队152舰和886舰("千岛湖"号综合补给舰)为我们全程护航,空中盘旋着海军的直升机。我们激动、兴奋!有了人民子弟兵的特别护航,海盗的威胁一扫而空,我们真切体会到了,在我们的身后有强大的祖国!

中午,海军护航编队派出慰问团队,携带若干生活物资到我们的船上慰问,并开展医疗服务、船只装备维护检查等活动。我们收到了中国海军给我们做的热气腾腾的包子,还有面包、蔬菜、水果,最为重要的是——

淡水。

因当时海上风浪对帆船影响较大，"东南卫视"号帆船航速只有3~4节（时速约5.5~7.5公里），根据海区情况和帆船特点，为确保被护船舶安全，济南舰采取"S"形的特殊航行方式，始终伴随帆船护航。

中国海军护航舰队接到护航任务后，编队指挥所多次认真分析研究近期相关海域海盗袭船活动规律，细化完善相关方案预案，落实各种部署和安全防范措施。护航期间，他们采取了雷达警戒、红外观察、探照灯扫海等多种方式实时掌握周边海域情况，确保我们一行的安全。

7月7日上午9点，一场反海盗演练拉开帷幕，直升机盘旋于空中，情景非常壮观，令人激动不已。

"左舷30度，距离6.2海里（约11.5公里），发现不明快速小目标向编队高速接近！"9时15分，演习在敌情报告中开始。

济南舰、千岛湖舰迅速转入一级反海盗部署，并通报"东南卫视"号帆船做好安全警戒工作。

在舰长刘冕的指挥下，济南舰加速前进对目标实施拦截查证。

接近过程中，济南舰采取不断鸣笛警告、强声广播驱离等措施迫使其改变航向。可疑小艇不理会警告，继续向编队接近。

"出动舰载直升机查证、拦截！"9时30分，济南舰舰载直升机呼啸着腾空而起，搭载特战队队员飞临疑似海盗小艇上空查证驱离。与此同时，搭载4名特战队队员的济南舰小艇迅速下水，向"海盗"小艇高速驶去。火力拦阻、逼近驱离……一系列动作迅速展开。

10时许，在海军舰机的震慑下，小艇掉转船头高速逃离，消失在茫茫海面上……

演练结束后，编队特战分队指挥员童军龙带领特战队队员登上了"东南卫视"号，实地查验反海盗措施和器材，并根据船的结构特点，对薄弱环节提出改进意见。

第二天，海军第20批护航编队指挥所指挥员、海军东海舰队副参谋长王建勋，编队政委、东海舰队政治部副主任叶建林及全体官兵邀请我们登上"济南"号导弹驱逐舰，与官兵们以"传承弘扬丝路精神，携手共筑强国梦想"为主题进行交流。

7月8日上午10时，阳光灿烂，我们乘着济南舰派出的小艇，到达

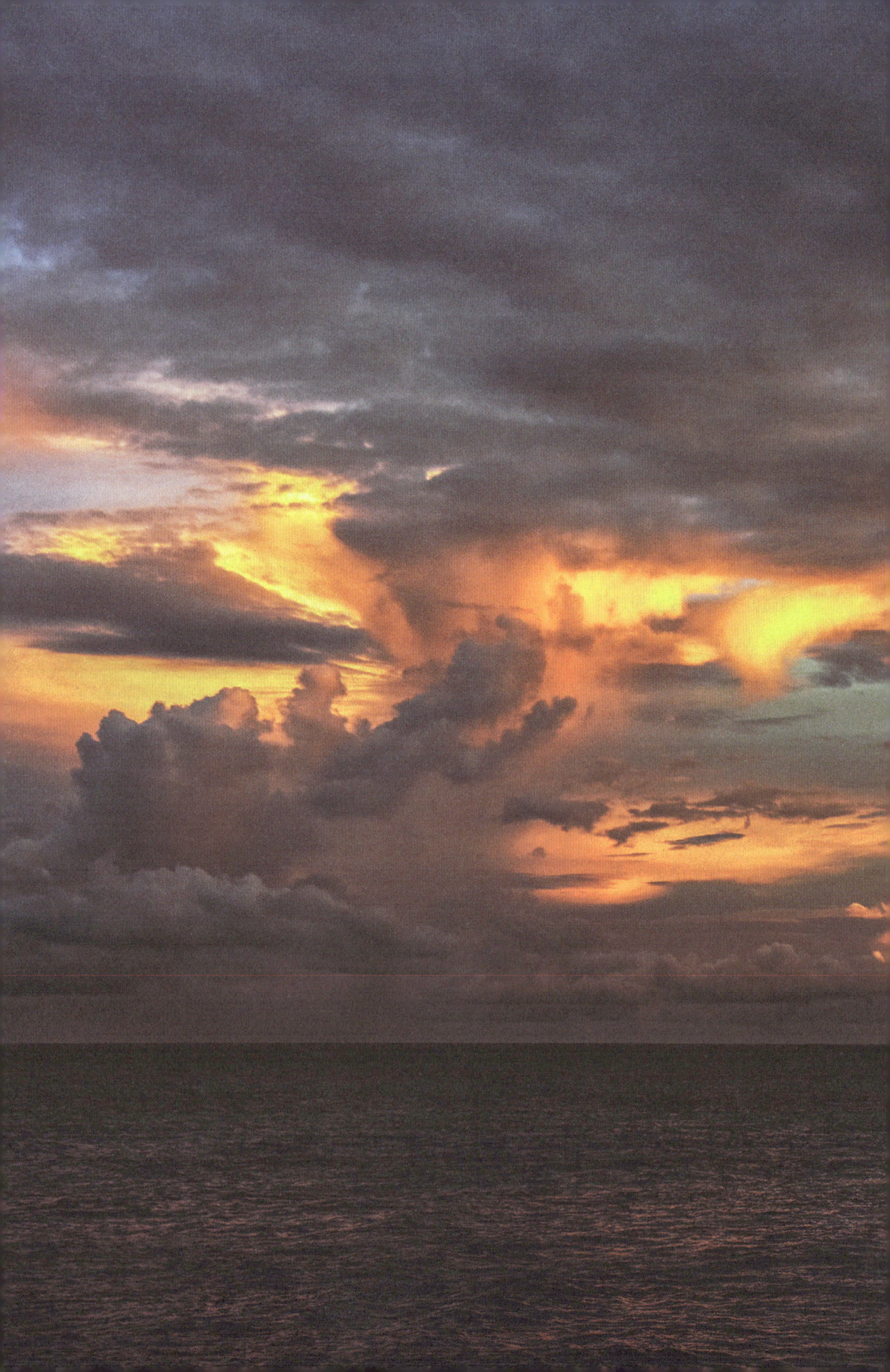

亚丁湾上的晚霞

军舰右舷，顺着舷梯，登上了飞行甲板。

"欢迎翟墨一行回'家'！"

——刚登上"流动的国土"济南舰，我们便看到护航官兵欢迎的横幅和献上的花束，内心无比激动。

"踏上祖国的军舰，心里就踏实了！"

在济南舰通道"中国梦"主题展板前，我向在场的海军官兵谈起了自己此次环球航行的初衷。

"驾驶帆船航行世界是我的毕生梦想，古代的丝绸之路是贸易之路，而现在它已经成为我们国家一个重要的文化符号。我希望驾驶帆船，重走海上丝路，为中华文化的传播献出自己的力量。感谢你们！感谢祖国！"

我与官兵们分享了一路航行的经历。我说："没想到印度洋的气候这么恶劣，特别是到了索科特拉岛附近海域，帆船倾斜得非常厉害，这是我环球航海以来，遇到的最大的风浪。"

编队指挥员王建勋说："正是考虑到了如此恶劣的气候条件，加之你们没有在亚丁湾航行的经验，编队当时就决定将接护点从 A 点向东南方向延伸120海里（约220公里），同时，我们也将护航你们到吉布提领海边缘。"

我告诉海军官兵们："见到编队的时候，我们心里就特别有底。从马六甲离开时，很多商船就给我们传递了一个信息——亚丁湾海盗猖獗，非常危险，我告诉他们，我们将有祖国的海军编队护航！"

我的伙伴老杨也由衷感慨："帆船环球航行离不开祖国国防的强大，护航编队是我们此次重走海上丝绸之路的坚强后盾。"

编队政治委员叶建林说："执行这次护航任务是中国海军为新海上丝绸之路保驾护航的具体体现，是我们护航官兵应尽的职责。"

护航编队的官兵们为此次任务还集体创作了一首小诗："古老与现代，帆船与战舰，环球航行亚丁见；孤舟一叶重走丝路，中华神盾贴身佑护。"

护航编队一路陪伴我们到了"B 点"——吉布提领海界附近海域，经过总共4天的航程，顺利、平安地穿越亚丁湾，抵达吉布提共和国。当地时间7月9日下午4时许，海南第20批护航编队济南舰信号兵与"东南卫视"号进行第三次通信联络：

"我奉命送你至吉布提领海外，现已抵达解护点，编队解护，祝你们后续航程顺利。"

这标志着"东南卫视"号已经顺利穿越亚丁湾海域,也标志着海军第20批护航编队顺利完成对"东南卫视"号的护航。

中国海军的护航结束了,我们还要向西继续航行,经过红海到埃及,再经过地中海到达目的地意大利。

漫漫"海上丝路",我们继续扬帆起航!

▲ 内心激动无法言说的我向152舰挥起了手

▼ 护航编队152舰触手可及,老杨也很应景地穿着很喜庆

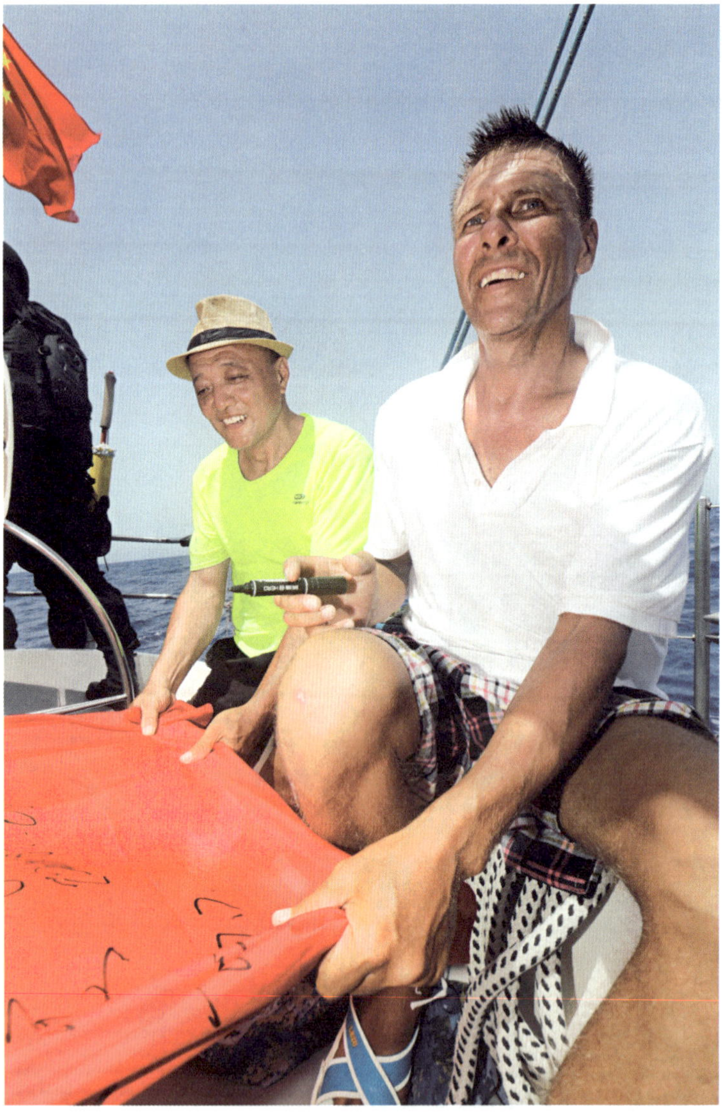

◀ 米沙在为护航官兵写寄语前构思,中文"你好"他说得特别标准

▲ 强大的祖国让我们都很振奋,摄影师冯冯用镜头抒发着对祖国的敬意

▼ 济南舰和千岛湖舰组成"人"字队形共同护送帆船缓缓向西航行

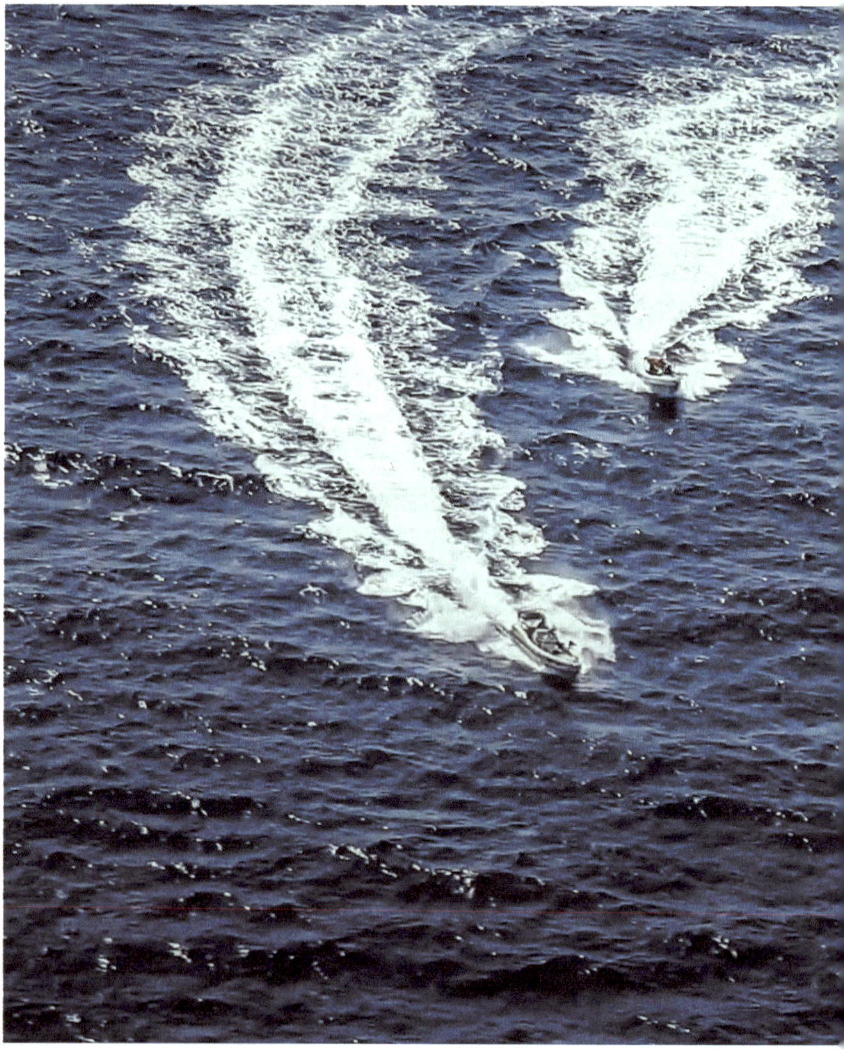

▲ 反海盗演练中，一幅幅关于蔚蓝的画面永记于心

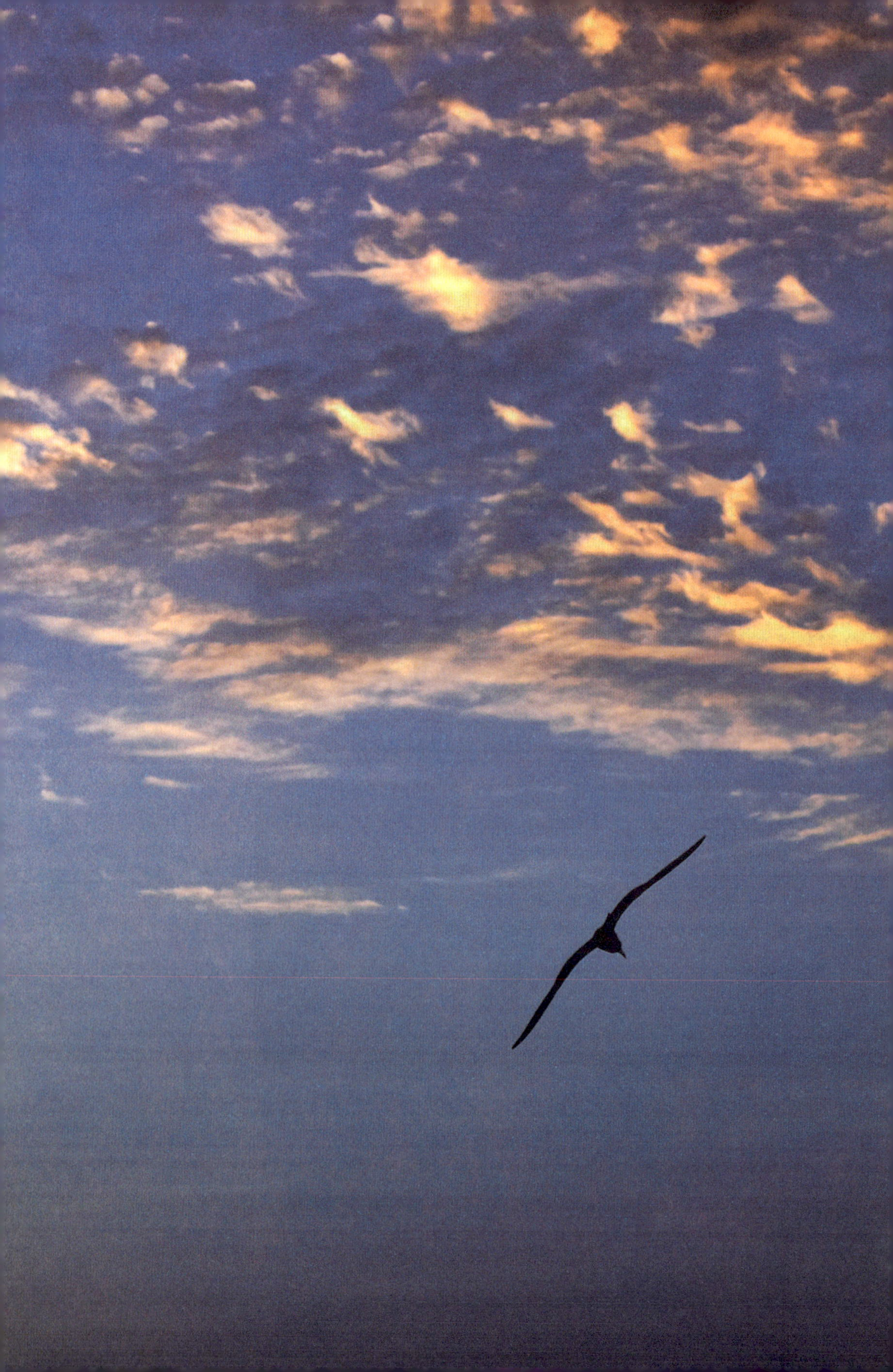

吉布提港的晚霞

米兰世博会上的中国水手

经过近 3 个月的航行，我们顺利地穿越曼德海峡，进入红海，告别了中国海军。顶风逆流，在航道航行，左右全是礁石，另外周边有很多小船在晃来晃去的，昨天的时候看到一条船尾随我们有两个多小时，又一次碰到无名船只的尾随，现在从索马里海盗转移到曼德海峡和阿曼群岛附近，船上的两位保安确认了他们是海盗。海盗，仿佛是一路上无法躲避的礁石，而这一次他们也是没有袭击我们的船，我们猜测他们的动机可能是因为周边有 6 条大的万吨货轮在航行，如果发生什么意外，这些船只会相互支援，这使他们退却。而进入红海海域后相对会比较安全，因为有很多大船同行。

在海上航行了 92 天，在海军护航编队的护送下，我们平安顺利穿过亚丁湾进入红海，从斯里兰卡上船的华信中安的两名武装保安兄弟在红海海域下船，经过 40 多天的相处，我们在恋恋不舍中告别。感谢他们！

此时，距离埃及还有 5 天的航程，现在只剩下老杨、米沙和我 3 个人。岸上的伙伴和媒体在马耳他、意大利、土耳其、希腊四国也同时进行着梦想观察员的招募活动。

过曼德海峡后进入狭长的红海海域，行船已经不再受印度洋季风的影响，但是有点乱风。受陆地的影响，天气不是太好，风力在 27~29 节（约 7 级风力），浪比较大，一路依然是顶风"S"形航行。再往前走，过了埃及的苏伊士运河就到地中海了。

8 月 6 日，是苏伊士运河新航道正式开通的时间，我们正好得以见证这一历史时刻。全长 72 公里的新航道将使得苏伊士运河可以双航道通行，并可容纳更大的船只，原有的运河航道也被疏浚改善，将会有效缩短船只在苏伊士运河的行驶和等待时间。

在抵达埃及的前两天，距离苏伊士还有 40 海里（约 75 公里）时，"东南卫视"号遭遇岬角流，风速非常强，顶风顶流航行，两边都是高山。在我们的左方海岸，有上下一排风力发电杆。即便遭遇危险的岬角流，我们却还能苦中作乐，我们打开啤酒，一个浪过来就着海水喝，味道不错。我们跟米沙说一起尝尝啤酒加海水的感觉，米沙却说俄罗斯人喜欢啤酒就鲭鱼。

经历两天在红海上的艰难航行，我们抵达埃及苏伊士港。需要去埃及首都开罗办理米沙和老杨两个人的马耳他签证。马耳他方面为我们开通了"绿色通道"，相当顺利。

从埃及地中海沿岸的著名港口城市亚历山大港，又有三位新船员加入了我们的船队，又人丁兴旺啦！8月9日是新加坡的国庆日，老杨为新上船的新加坡籍船员黄德聪先生包了水饺庆祝。黄先生曾经驾船行驶过马六甲海峡。而另两位来自北京的船员段威和程颖，刚开始两天吐得很厉害，后几天他们俩分别发了微博。

船员段威在微博中发出自拍照并配文：

活过来的我！

◀ 护航编队解护前，担负随船护卫的特战队队员下帆船后，我们向特战队队员道别

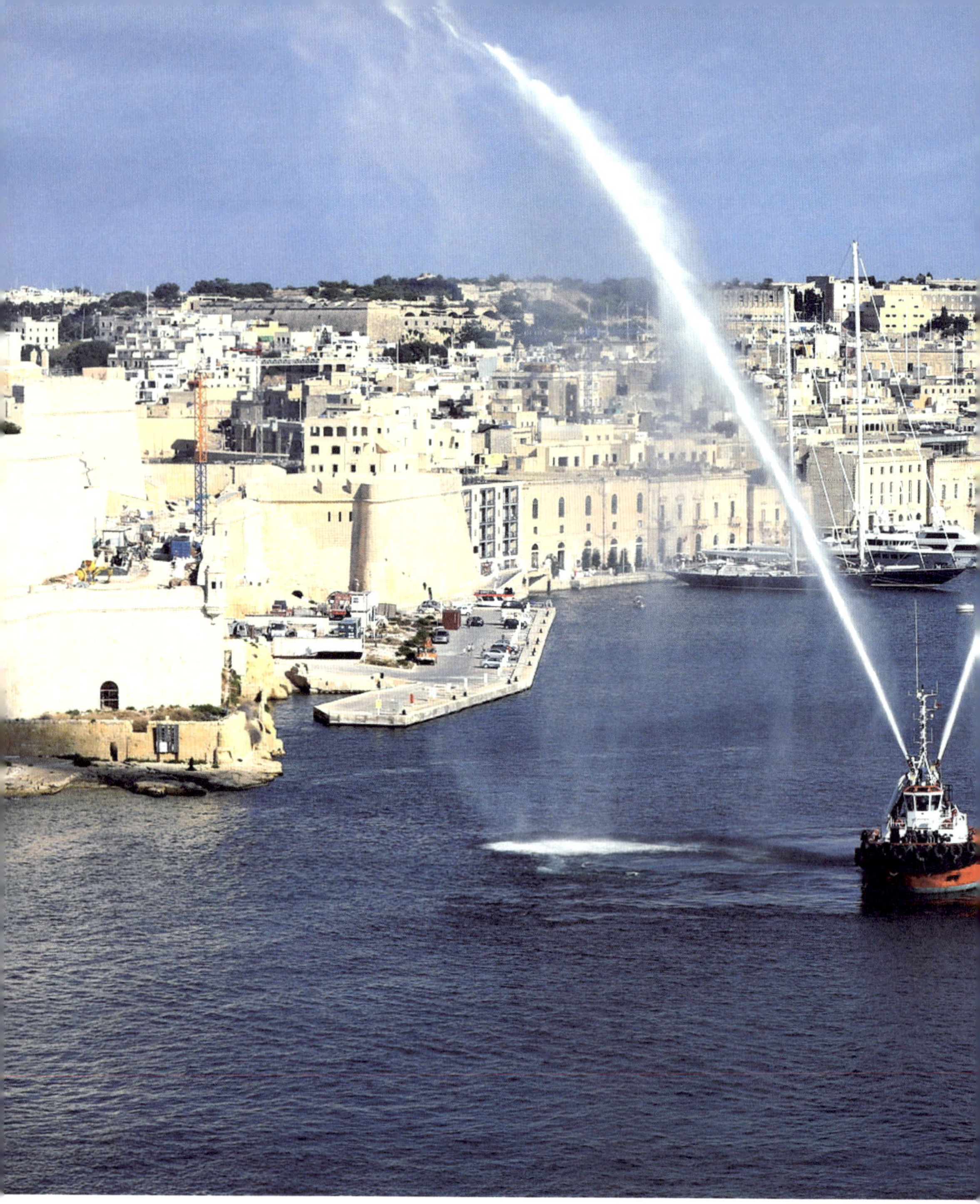

▲ 港口的消防船喷出水柱欢迎我们的到来

程颖感慨道：

"第一次航海，白天被天际线包围，夜晚头顶苍穹。在地中海深处，我们降下帆，随风飘荡，跳入地中海畅游；我们驾驶帆船，掉头追赶海豚；我们躺在甲板上，仰望星空；我们等候海上明月，迎接地中海日出。茫茫航行，看见小岛，心如彼岸。"

继续向西航行230多海里（约430公里），我们抵达了地中海上的贸易中心，"海丝"的一个重要节点——岛国马耳他。在下午6—7点的时候我们抵达马耳他，不巧的是，进码头的时候又遇到31节的大风（约7级风力），还下了一阵大雨。于是我们只能等雨停再进港停靠。

还未等我们停靠，上巴拉克花园的礼炮台响起了礼炮声。我们此次的活动得到了马耳他外交部的支持，当地用规格最高、最尊贵的迎接礼节——24响礼炮来迎接我们船队的到来。这是我们起航到现在迎接我们的仪式规格最高的一次。

马耳他上巴拉克花园的礼炮台，曾经参加过马耳他大围攻时的战争，是欧洲古代著名战争马耳他之围的战场遗迹，这场战争发生在罗马圣约翰骑士团与土耳其奥斯曼帝国之间，是一场对马耳他乃至地中海制海权的激烈争夺，而在这场战争中获胜的圣约翰骑士团成为马耳他的统治者，从而开启了马耳他最辉煌的文明时代。而我们也如勇士般受到了码头上迎接我们的人们的欢迎。

接下来，当我们停靠西西里岛的时候，我们的行程也达到了巅峰时刻。

意大利是古代海上丝绸之路的终点，也是我们此次航行的终点。当时，2015世界博览会也正在意大利的米兰举行，中国馆是此次世博会的第二大场馆。当地时间8月18日，我们乘飞机抵达米兰，我们重走海上丝绸之路的归航主题日活动就在米兰世博会中国馆隆重举行。

中国驻米兰总领事王冬亲自到场向我们表示祝贺，欢迎我们回家，还有30多位从国内来的雕塑艺术家，我们把"东南卫视"号的船模在中国馆展示后赠送给了世博会博物馆，世博会博物馆将永久收藏，并颁发证书。

——终于要回家了！

▲ 马耳他上巴拉克花园的礼炮台的礼炮为我们鸣响

▼ 欢迎仪式上盛装的骑士

▲ 热情的人们记录着我们的到来

▶ 米兰街头的女神像为我们舞蹈

▶ 喜庆祥和的米兰街头,看到孩子们在快乐地玩耍,我更想儿子了

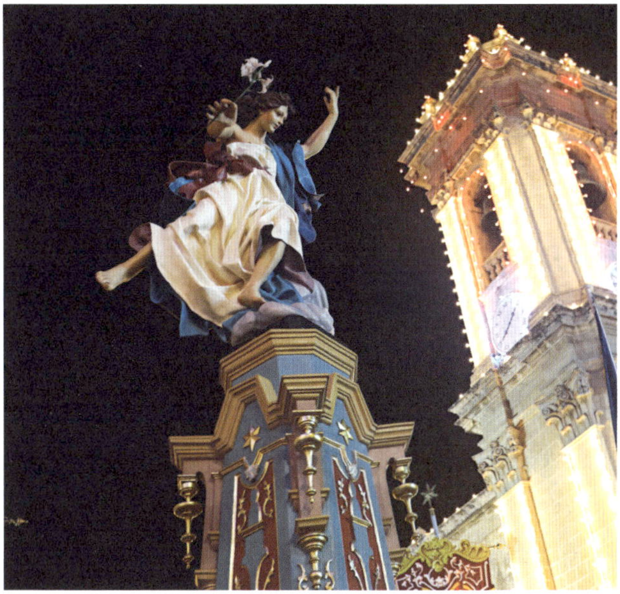

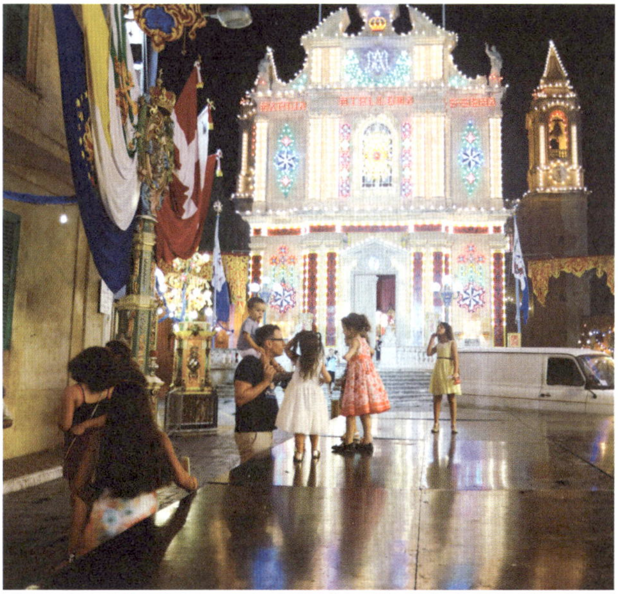

回　家

参加完世博会的活动，我们起航向希腊航行，预计4天左右抵达。一位加拿大籍船员"白熊"在意大利上船。"白熊"是身高一米九几的大个儿，还有一位来自北京的船员，曾和我一起航过海，他们将和我们一起航行到雅典。

希腊，一片被爱琴海与地中海拥抱的土地，6000多座独特而秀美的岛屿，欧洲文明的发祥地。远离印度洋西南季风的影响和索马里海盗的威胁，平稳地行驶在地中海上，天气不错，5个人状态很不错。离开西西里岛，距离希腊阿波罗神庙92海里（约170公里），地中海边缘的伊奥尼亚海上，每天的太阳都是新的。

返航阶段途经希腊，一路有海豚相伴航行的爱琴海很浪漫，8月28日，经过50多个小时的航行，顺利抵达希腊。中国大使馆举行了盛大的欢迎仪式，我们游览了雅典海神庙，久违的陆地生活，让我得到了身体上和精神上的放松。8月31日，中国驻希腊大使邹肖力邀请我们见证了中国大使馆开通希腊语网站和《中希时报》增发希腊文版的仪式。

从希腊到土耳其一天一夜的航行中，我们又一次碰到了30节的大风（约7级风力），但这也不能阻止我们归航的豪迈与激动，我大喊着："土耳其，我们来啦！"

由于风力太大，我们的船只能慢慢向港口驶去。当地时间9月3日上午8点左右，我们顺利停靠港口，上岸之前，我为大家做了一顿看似简单却充满意义的早餐：煎蛋和粥。在这里，我们的航行圆满结束了。在我们停靠土耳其办完通关手续后，准备在这里给船做一次整体检修。经过4个多月的航行，船只损伤很大，有的地方帆几乎全部被撕开了。土耳其是此行的最后一站，也是能释放我所有压力的地方，"哈酒！（胶东方言，喝酒！）"

从福建平潭岛出发，乘风破浪，栉风沐雨，经过4个多月的航行，终于平安抵达。这一路，我和伙伴们挑战的是大自然的变幻莫测，还有海盗的威胁，我们用顽强的意志齐心协力一次又一次地迎接考验，而穿越风雨，我们也寻访了一座座"海丝"沿岸的魅力之城，感受沿途的人文风情和灿烂文明，这段充满艰险与惊喜的航程，带给了我们太多的感触。

我要感谢本次活动的主办方，感谢我的船队"东南卫视"号和"沣沅弘"号，感谢一路与我同行的兄弟们，感谢沿途上的华人华侨对我的支持和帮助，感谢我们的华航舰队，让我们平安顺利地完成了这次航行，感谢米兰世博会，感谢大家给我更大的力量，让我走得更远。

船长是一条船上的灵魂人物，一条船能走多远，除了船员们的齐心协力，更重要的是需要船长的智慧和勇气。我是一个能豁得出去的人，如果从一个船长的角度来讲，我的心可能太狠了，但也正是凭着这一股敢闯敢拼的狠劲，我们才能顺利平安地走完这段航程。但是还伴随着无尽的无奈，其实，应该说航海人要听天由命。为什么一个船长，船要沉了他就要随着下沉呢？我说，只有你成为一个船长的时候，你和船产生了这种生死相依的情感的时候，你成为船的一部分的时候，才会了解。

在这次的航程中，我和老杨、米沙一路坚守，不惧困难，勇于承担，阳光总在风雨后，穿越乌云与逆流，我们也曾在风平浪静时笑看日升月落，仰望满天繁星，和海豚共舞，领略大海的壮美。这一路，我们忍受着常人无法忍受的孤独和对家人的无尽思念。身后是家人的牵挂，是家人让我在面对惊涛骇浪的时候充满了勇气和力量，是家人让我坚定自己的梦想，我要兑现我对他们的承诺。无论走多远，我都找得到回家的路。

在我看来，绘画和航海其实是一样的，画笔是自由的，帆船也是。前方，永远有未知的艰险在等待着我们，也永远有未曾见过的美景在等待着我们。我是翟墨，我想做的，就是更自由。

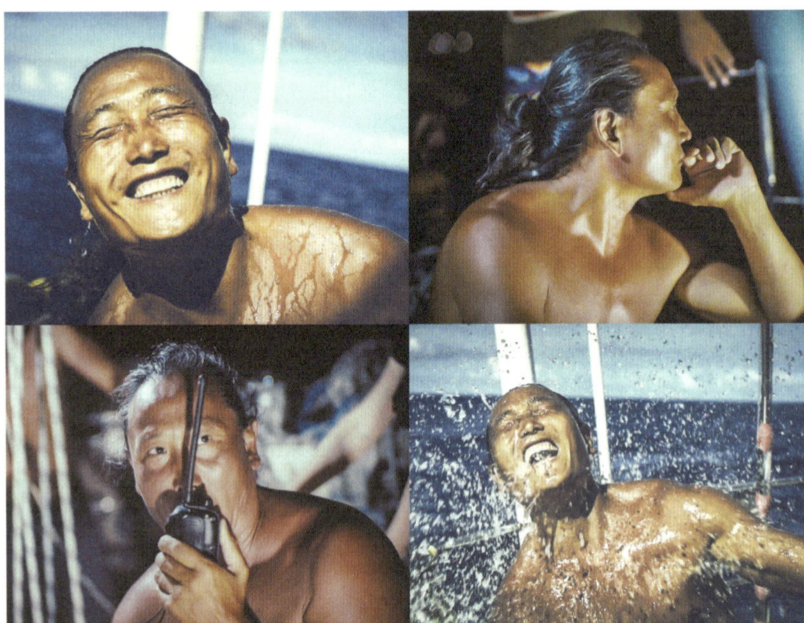

◀ 兄弟们眼中的我

▲ 感谢有你，兄弟

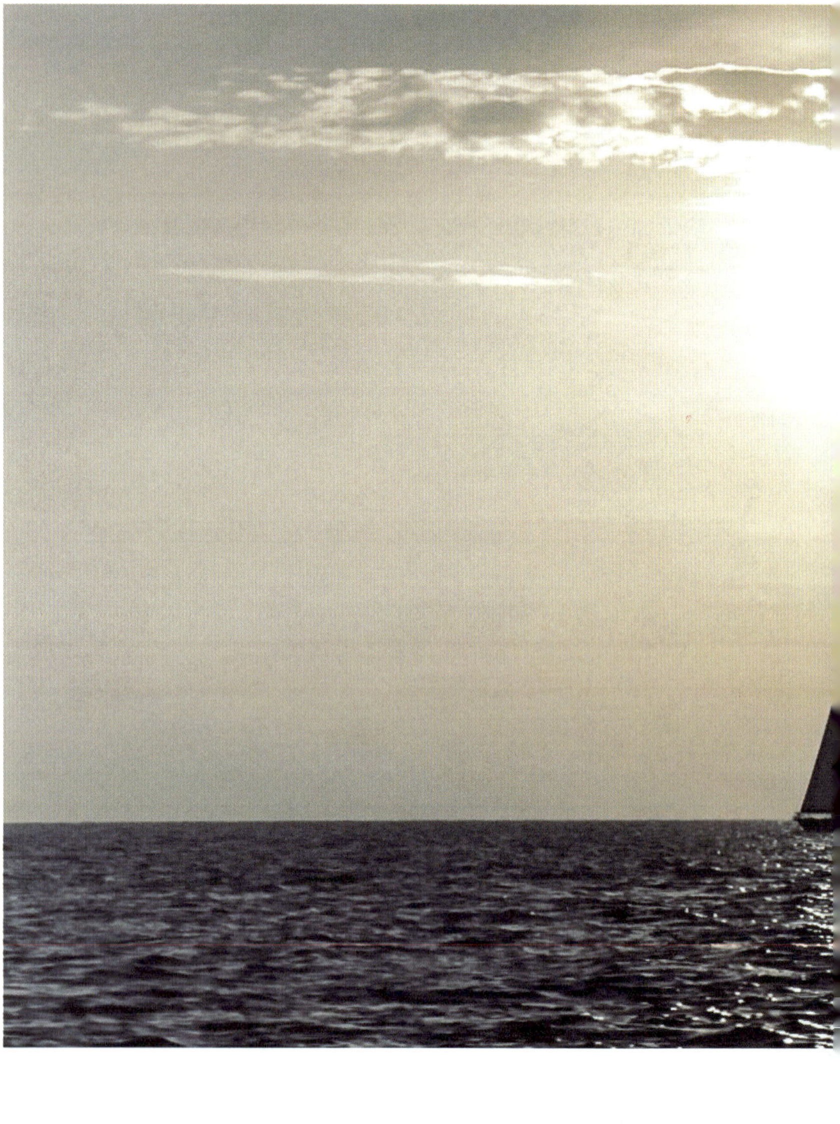

▲ 回家

"中华民族正在不断地证明自己,
毕竟还有太多的领域没有出现华人的身影!"

IV 20N9

走向极地

一提到南极、北极，每个人的脑海中都会出现一片白茫茫的景象：一眼望不到头的冰盖与冰川、憨态可掬的企鹅或北极熊，还有孤军深入的科考队、大块头的破冰船……

从地理的角度而言，南北两极虽然表面上有诸多相似之处，却也有着巨大的差异：南极圈的中间是一片辽阔的大陆，比欧洲还要大一号，而北极圈中则静卧着世界第四大洋——北冰洋，面积比南极洲大陆又大了一号，其间有着众多的岛屿和冰川。因此，我们可以说，南极是远洋航行的一个诱人的终点，而北极对于航海而言却是一片有待开掘的"竞技场"。

从古希腊的鼎盛时代，人们就已经知道了北极这片冰雪世界的存在。到了16世纪，由于绕过非洲和美洲的航线被葡萄牙和西班牙垄断，西欧和北欧各国许多权贵和探险家希望，从北大西洋寻找一条穿越北冰洋的航线，与传说中财富遍地的东方建立起直接贸易关系。为此，他们前赴后继，展开了长达两个多世纪的航道探险，数以百计的西方探险家勇赴北极探险之旅。直到19世纪中叶，探险者们才勉强分段走通，并分为加拿大沿岸的西北航道和西伯利亚沿岸的东北航道。

西北航道大部分航段位于加拿大北部水域，以白令海峡为起点，沿美国阿拉斯加海域向东，穿过加拿大北极群岛直到戴维斯海峡。东北航道又被俄罗斯称作"北方海航道"，大部分航段位于俄罗斯北部，从北欧出发，向东穿过北冰洋巴伦支海、喀拉海、拉普捷夫海、新西伯利亚海和楚科奇海，直到白令海峡，连接五大海域的海峡多达58个，被航海界称为连接亚欧的"黄金水道"，被普遍认为开发价值大且通航可能性高。另外，人们还构想过一条中央航道，则是从加拿大丘吉尔港出发，穿过北冰洋高纬度海域，到达俄罗斯摩尔曼斯克港。

随着全球变暖，北冰洋的冰川正在渐渐减少；近年来，在北极上空的臭氧层也有季节性的破洞。研究发现，过去30多年间，北极地区温度上升趋势愈发明显，北极夏季冰川持续减少。据科学家预测，北极海域可能在本世纪中叶出现冰川全部融化现象。这是人类文明史中头一次出现这样的情形，更加点燃了人们"航行"北冰洋的热情。

北极的战略地位对于各国而言越来越重要，环北极航线已经有部分开通，未来在全球的战略地位会不断上升。除了拥有丰富的自然资源，气候变暖引起北极冰盖加速融化，便利的北极航道正成为连接大西洋和太平洋的"新纽带"和"高速路"。一旦北极航线启用，北极沿岸港口地区将兴起新的物资转运中心，势必会带来世界海上贸易重心的转移，对地区和国际局势产生深远影响。用冰上丝绸之路穿越北极圈，连接北美、东亚和西欧的构想越来越接近实现。

长期以来，在环球海上航行中，只能通过巴拿马运河或苏伊士运河来连接太平洋和大西洋，甚至需要绕道非洲南端，与这些航线相比，北极航道一旦开通将大大缩短航程，带来巨大的经济利益。北极航道对于我国海外贸易的商业价值十分明显。相比于传统的两条海上丝绸之路"南方航线"，利用北极航道，我国到欧洲各港口的航程将大大缩短。上海以北港口到欧洲西部、北海、波罗的海等港口整个航程超过7000海里（约13000公里），航行时间大约27天，比经马六甲海峡、苏伊士运河的传统航线缩短将近3000海里（约5500公里），航行时间约缩短9天。

此外，经过马六甲海峡和苏伊士运河到达欧洲的船舶都不可避免地要经过海盗猖獗的亚丁湾海域，而人迹罕至的北冰洋海域由于其特殊的地理环境和恶劣的气候环境不便于海盗的活动与藏匿，因此船舶经北极航道航行能够有效地避开海盗的威胁。与此同时，南方航道的航行路线均需要通过目前政治经济形势敏感的波斯湾地区，众所周知中东地区常年战乱不断，这都对途经中东地区航行的船舶构成了严重的安全风险。而北极航道沿途国家较少，地缘政治形势相对简单，国际纠纷处理起来较为容易，此外沿线都是世界上的强国和大国，政治与经济形势较为稳定，这与动荡的中东地区相比通航更为安全。

人们普遍认为，东北航道是目前通航可能性最高的路线。东北航道所经过的海域自然资源较为富集，开发价值较大；且东北航道水域宽阔，沿线有较多可用港口，且连接内陆铁路运输通道，可进入性较高。而西北航道穿越加拿大群岛的诸多岛屿，实际航行较为复杂，附近基础配套设施很少，只有空中航线可以到达。而中央航道常年受北冰洋多冰的影响，航行条件较差，实现通航的希望很小。

在不久的将来，我们将驾驶80英尺无动力远洋大帆船，再次起航，

进行环北冰洋的极限挑战。

壮美的冰山，绚丽的极光，还有船员们捕猎的美食，与北极独有的动物们零距离接触，无不成为美好的旅行猎奇时光。除了诗和远方般的美好旅程，等待船队的还有海上生活必有的艰苦生活，饥饿、严寒、疾病、恶劣天气和复杂海况等。

除此之外，我也将目光投向了更遥远的南极，在下一步的航行中，我们非凡的中国人还将填补这个空白。

向北极致敬！

向南极致敬！

向勇敢的航海人致敬！

▲ 向祖国致敬！

薪火相传

结缘航海20年，我非常享受孤帆独行浩渺汪洋的日日夜夜。

我的航海事业，也从起初带着几分鲁莽的单打独斗，逐渐变成了被众多人瞩目、牵挂，赋予了各种意义和内涵的"公共事件""舆论热点"。

我在这些年结交了很多热爱大海、热爱航海的世界各国朋友，让越来越多的人知道了有翟墨这样一个中国人在海上纵横驰骋。

在海上和在陆地上交替生活的日子里，有一个念头在我的脑海中渐渐形成，我希望有更多的中国人——尤其是中国的年轻人，也能加入我的行列。我希望，而且有能力，让更多的国人了解这项看似神秘、艰难的运动，找到接近它的可能性，从而打开人生的一扇新的窗口。

现在国内也有越来越多的人开始玩帆船了，但大部分人仍觉得帆船是一项贵族运动。其实，帆船并不是所谓贵族化的享受，许多人把豪华游艇和帆船混淆了，其实完全不是一个概念。正是因为国内的帆船没有真正地发展起来，所以很多人不了解帆船的真正内涵，往往片面地将其和高端、贵族等字眼联系起来；另一方面，只有你真正地喜爱这项运动，才会发现它的价值，而不单单是价格上的理解。

在与各界朋友、专家反复碰撞思想、厘清思路后，我对做航海培训有了越来越明确的想法。我提出了以"增强海洋意识、推动航海事业、建设海洋强国"为目标，发展中国海洋教育事业。

在西班牙等一些欧洲国家，有成百上千的帆船培训机构，而中国则寥寥无几。于是我就萌生了这样一个想法：开办一所专门的帆船航海学校，为我国培养更多的帆船航海人才。我打算逐步拓展青少年海洋教育、国内外帆船游艇驾驶培训、帆船赛事活动策划运营等领域的工作。我的团队先后在三亚、北京、青岛等地建立了基地，为全国青少年提供就近的航海知识学习、帆船教学体验和海洋知识课堂等。

2014年，翟墨国际航海培训中心成立了，我们与世界各地的著名帆船俱乐部建立起了合作关系，成功地承办或者协办了许多国内外大型航海活动和赛事，尤其是策划并圆满完成"重走海上丝绸之路"和"更路簿杯

国际帆船赛"。

到目前为止,我们已经培训了专业船长、船员500多人,学员中已考取A1F驾驶证者就有将近300人。

2019年"中国航海日"活动期间,翟墨国际航海(北京)培训中心在北京青龙湖正式启动了。这是北京第一家国际性规模化帆船培训基地。我们希望利用青龙湖这个基地,立足北京,举办丰富多彩的航海活动,推广中国的航海事业,特别是开展对广大青少年的航海技能培训。启动当天,有10艘DC20帆船和20艘OP帆船为来到现场的朋友们进行了帆船体验活动。我亲自示范教授驾驶帆船,与参加帆船体验的青少年互动,分享了环球航海和重走海上丝绸之路的故事。

看着这些孩子,我不禁浮想联翩。我们是诞生了郑和的国度,是创造了"更路簿"的国度,是发明了指南针的民族。一度排斥海洋的历史,给我们留下了深重的伤痕,让我们痛彻心扉。离开海洋太久的中国,现在需要重新打量那片深蓝色的领域。我们拥有万里海疆,随着中国国力的不断增强,海洋,必然是中国放眼寰宇、实现强国梦的航船。

未来的中国,一定是海洋大国、海洋强国。中国的崛起,海洋意识的崛起必不可少,历史上没有一个积极向上、奋发进取的民族是忽视海洋的!

古老船队的风帆落下太久,人们已经忘记了大海的模样。600年后,21世纪的中国人,眺望着先辈的方向,直挂云帆,向西方出发,从东方归航。我们不想"征服",我们只是要达成梦想——走向深蓝,到海上去!

因为——海在那里!

▲ 翟墨国际航海（三亚）培训中心

▼ 翟墨国际航海（北京）培训中心

附录 1：翟墨绘画作品

2012 年 11 月，印度洋——1.5 米 × 1.5 米

2012年，北纬26度16分，东经123度17分——1米×1米

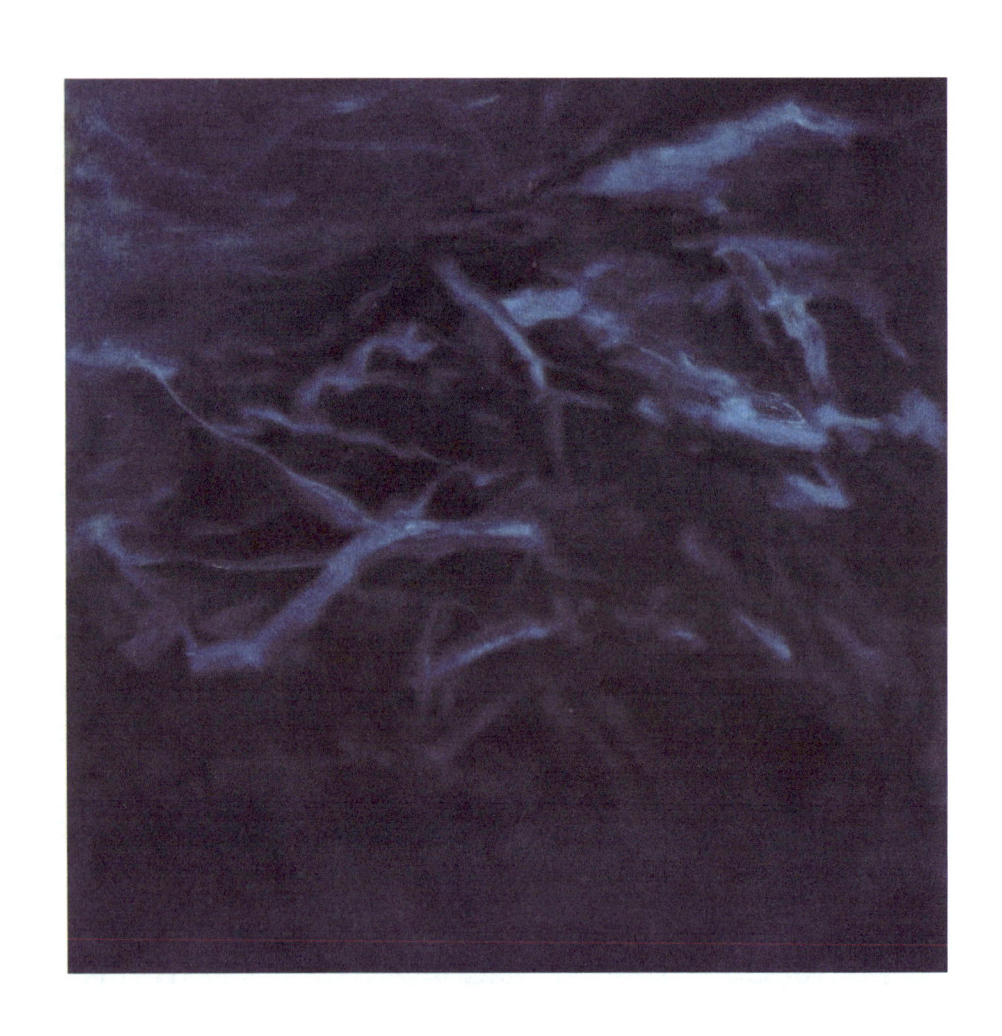

2013年，北纬15度26—35分，东经145度36分——2米×2米

2014年8月27日，北纬25度1—2分，东经123度—124度34分——1.5米×1.5米

2013年8月，北纬25度40—60分，东经122度12分——2米×2米

2014年6月18日——1米×1米

2014年6月23日——1米×1米

2012年，北纬11度52分，东经122度44分——1米×1米

2013年，北纬22度45分，东经138度29分——1米×1米

2013年，北纬25度40分—26度，东经123度—124度34分——2米×2米

2014年8月1日——2米×2米

附录2：翟墨单人单帆环球航行大事记

2007年

1月6日	"日照"号在日照起航
1月6日	暂靠岚山港
1月10日	抵达长江口佘山岛
1月11日	抵达舟山群岛朱家尖
1月15日	离开舟山
1月18日	抵达厦门
2月25日	抵达漳州
3月18日	离开厦门五缘湾
3月19日	暂靠东山岛
3月23日	离开东山岛
3月27日	抵达深圳
4月11日	抵达中国香港
5月18日	离开中国香港
5月21日	抵达海口
5月24日	离开海口
5月27日	抵达西沙群岛
6月5日	抵达菲律宾三宝颜
6月9日	抵达赤道
6月18日	抵达印度尼西亚雅加达
7月6日	离开印度尼西亚雅加达
7月25日	抵达英属迪戈加西亚岛
8月3日	到达塞舌尔
8月28日	离开塞舌尔
9月14日	抵达南非理查兹贝港
11月8日	抵达南非伊丽莎白港
11月18日	过东经20度线
11月19日	抵达南非开普敦

2008 年

1月10日	离开南非开普敦
1月23日	抵达圣赫勒拿岛
2月13日	抵达巴西福塔莱萨港
2月15日	离开巴西福塔莱萨港
2月23日	抵达法属圭亚那
2月28日	抵达委内瑞拉玛格丽塔岛
3月4日	到达荷属安的列斯群岛
3月10日	暂靠哥伦比亚卡塔赫纳港
3月16日	抵达巴拿马科隆
3月23日	通过巴拿马运河
4月1日	离开巴拿马弗拉门戈码头
4月16日	抵达墨西哥阿卡普尔科
4月19日	离开墨西哥阿卡普尔科
5月16日	抵达美国夏威夷
11月2日	离开美国夏威夷
11月13日	穿越国际日期变更线
11月28日	抵达关岛
12月5日	离开关岛
12月14日	抵达菲律宾苏里高港
12月15日	在北京梅地亚新闻中心举行"日照"号帆船环球航海胜利归航新闻发布会
12月16日	抵达菲律宾宿务岛
12月30日	抵达菲律宾朗布隆岛

2009 年

1月10日	离开菲律宾朗布隆岛
1月11日	抵达菲律宾伊萨贝尔港
1月20日	抵达菲律宾民都洛岛
2月7日	离开菲律宾
2月9日	航行至南海中东部海域
2月11日	航行通过西沙群岛
2月12日	抵达海南三亚
3月8日	离开海南三亚（后因风浪太大返回三亚）
5月11日	离开海南三亚
5月14日	抵达珠海高栏港
5月17日	抵达中国香港
5月20日	抵达深圳
6月7日	离开深圳
6月10日	抵达东山岛
6月13日	抵达厦门
7月26日	抵达洞头港
7月31日	抵达舟山
8月1日	抵达上海洋山港
8月2日	抵达上海
8月15日	抵达日照港
8月16日	"日照"号归航日照

附录3：重走海上丝绸之路航行大事记

2015 年

4月20日	"2015重走海上丝绸之路"航海活动在福建平潭综合实验区东澳码头起航
5月16日	"中国画展与茶瓷文化交流活动"在新加坡国立大学举行
5月19日	"海上丝绸之路文化探访与交流活动"在马来西亚马六甲举行
6月8日	"中斯茶文化经贸交流活动"在科伦坡班达拉奈克国际会议中心举行
7月5日—9日	中国海军第20批护航编队护送"2015重走海上丝绸之路"翟墨船队穿越世界海盗多发区亚丁湾海域
7月30日	翟墨船队于埃及新苏伊士运河疏浚完成正式开通之前，在埃及官方批准下穿过苏伊士运河
8月8日	"中埃青年大学生交流暨当代艺术展"在开罗哈勒旺大学举行
8月13日	"中马海上丝路经贸文化交流活动"在马耳他举行
8月18日	"2015重走海上丝绸之路"翟墨船队"归航"米兰世博会中国馆
8月27日	翟墨船队受邀抵达希腊，互动"2015中希海洋合作年"
9月6日	抵达土耳其，为"2015重走海上丝绸之路"画上了一个圆满的句号

2016 年

6月21日	"2016重走海上丝绸之路"航海活动在秦皇岛启动
6月27日	抵达韩国济州岛，与当地民间航海机构进行了热烈交流
7月1日	抵达韩国釜山，秦皇岛市政府现场组织了精彩的中国传统文艺演出，翟墨团队与韩国各界就共建中韩两地海上丝路与友好交往进行了交流
7月8日	抵达日本福冈，翟墨船队和中国驻福冈总领事馆就海上丝绸之路航海活动的组织开展与中日友好交往等方面进行了会谈
7月19日	归航秦皇岛，"河北省首届航海文化宣传日"在秦皇岛拉开帷幕

感谢所有帮助过我的朋友！

瞿墨永记于心！